POESÍAS
I y II

LETRAS UNIVERSALES

ISIDORE DUCASSE

Poesías
I y II

Edición bilingüe de Jordi Xifra

Traducción de Jordi Xifra

CÁTEDRA
LETRAS UNIVERSALES

Título original de la obra:
Poésies I
Poésies II

1.ª edición, enero de 2026

Diseño de cubierta: Diego Lara

Ilustración de cubierta: Odilon Redon, *Capuchinas* (detalle), 1905

PAPEL DE FIBRA
CERTIFICADA

© De la traducción, introducción y notas: Jordi Xifra, 2026
© Ediciones Cátedra (Grupo Anaya, S. A.), 2026
Valentín Beato, 21. 28037 Madrid
Depósito legal: M. 22.583-2025
ISBN: 978-84-376-4962-7
Printed in Spain

INTRODUCCIÓN

> Une pensée, ça ne peut pas devenir œuvre
> d'art, sauf en littérature. L'art n'emprunte
> rien à la philosophie, non plus[1].
>
> ODILON REDON
À soi-même

---

[1] «Un pensamiento no puede convertirse en obra de arte, salvo en literatura. El arte no toma nada de la filosofía, tampoco».

Isidore Ducasse, «conde» de Lautréamont

«QUE diable pouvait faire, dans la vie, l'homme qui a écrit d'aussi terribles rêves?»[2], se preguntó J.-K. Huysmans cuando descubrió *Los Cantos de Maldoror*. La pregunta no tuvo respuesta durante mucho tiempo, por lo que el misterio sobre el autor de esos cantos contribuyó en gran medida a abonar un *caso Lautréamont* en la primera mitad del siglo xx. Si los empeños de investigadores como Caradec, Peyrouzet o Lefrère han arrojado un poco de luz sobre la vida del poeta franco-uruguayo Isidore Ducasse, esta sigue siendo un misterio. Al igual que los *Pensamientos* de su estimado Blaise Pascal, su biografía, al menos de momento, está formada por legajos de datos cuya intermitencia frustra cualquier intento biográfico riguroso.

Isidore-Lucien Ducasse nació el 4 de abril de 1846 en Montevideo y falleció, con tan solo veinticuatro años, en París el 24 de noviembre de 1870. Su exigua producción literaria, combinada con su decir poético, ha engordado todavía más el aura enigmática del personaje. Es autor de *Los Cantos de Maldoror* y de los dos delgados tomos cuya edición crítica el lector tiene en sus manos, *Poesías I* y *Poesías II*,

---

[2] «¿Qué demonios podía hacer, en la vida, el hombre que escribió sueños tan terribles?», Joris-Karl Huysmans, *Lettres inédites à Jules Destrée,* Ginebra/París, Droz y Minard, 1967, págs. 52-58. La carta que contiene la interpelación es del 27 de septiembre de 1885.

así como de una correspondencia que suele publicarse bajo el título de *Lettres*. Las dos primeras obras conforman el corpus literario completo de Ducasse, al que podrían sumarse dos o tres composiciones anónimas cuya autoría es incierta[3].

En 1839, su padre, François Ducasse (1809-1887), maestro de profesión, se marcha del pueblo de Sarniguet, cerca de Tarbes, hacia Uruguay, donde algunos años más tarde ocupará el puesto de canciller en el consulado francés de Montevideo y amasará una fortuna considerable. Es el tiempo en que Latinoamérica acoge a numerosos emigrantes del suroeste de Francia. Su madre, Jacquette-Célestine Davezac, se unió a su futuro marido en 1842. La boda se celebró el 21 de febrero de 1846, dos meses antes del nacimiento de su hijo. Jacquette murió el 9 de diciembre de 1847, tres semanas después del bautizo de Isidore. La causa de su muerte sigue siendo otro misterio, aunque la hipótesis del suicidio es la más barajada. Jacquette Ducasse no aparece en los registros de defunción de Montevideo y su tumba permanece sin descubrir.

Isidore pasó su infancia en Uruguay, por aquel entonces agitado por una guerra civil que se prolongó hasta 1851. En 1859, con trece años, su padre lo envió a Francia. Ingresó en quinto año *(sixième)* como interno en el Liceo Imperial de Tarbes. Ducasse fue un buen estudiante: obtuvo la segunda mejor nota en Latín, Gramática y Cálculo, y la primera en Dibujo. Se le pierde la pista entre agosto de 1862 y el 16 de octubre de 1863, fecha de su matriculación en la clase de Retórica del Liceo Imperial de Pau, cuyo profesor fue uno de los dedicatarios de *Poesías,* Gustave Hinstin, y donde tuvo como condiscípulos a Paul Lespès y Georges Minvielle, a quienes igualmente les dedicó la obra. En aquella época, su tutor era el abogado de Tarbes, Jean Dazet, con

---

[3] Se recopilan en el Apéndice II.

cuyo hijo Georges entabló amistad hasta el punto de no ser solo el primero de esos dedicatarios, sino de haber sido uno de los personajes de la versión inicial del primer canto de *Maldoror*. En noviembre de 1865 obtuvo el bachillerato en Letras con la calificación de *passable* ('aprobado'). En octubre se había matriculado en Matemáticas Elementales. El 15 de julio de 1866, su nombre aparece entre los de los alumnos admitidos para pasar el examen del bachillerato en Ciencias, sin que a fecha de hoy se sepa si lo obtuvo o no.

Tras un viaje de algunos meses a Uruguay (embarcó en Burdeos el 25 de mayo de 1867 y desembarcó en Buenos Aires el 7 de agosto), a finales de 1868 llega a París y se instala en el hotel À l'Union des Nations, en el número 23 de la rue Notre-Dame-des-Victoires. Al año siguiente publica anónimamente y por su cuenta el primero de los cantos de *Maldoror,* del que envía una copia a Victor Hugo, exiliado por entonces en la isla de Guernesey[4]. Este primer canto se incluyó en una recopilación de poemas publicada por Évariste Carrance, *Parfums de l'été,* en 1869, año durante cuya primavera Ducasse entrega a Lacroix —editor de Hugo, Michelet o Sue, amén del *Melmoth* de Maturin— el manuscrito completo de la obra, firmado por un tal «El conde de Lautréamont». El origen del seudónimo ha dado pie a numerosas especulaciones: desde que fue tomado del título de una novela de Eugène Sue, *Latréaumont*[5], hasta que no deja de ser un acrónimo de «el otro [*l'autre*] está en [*est à*] Montevideo [*mont*]»[6]. Sea como fue-

---

[4] Véase la carta completa en el Apéndice I.

[5] Relato en el que leemos: «[...] cette organisation est pour moi une œuvre aussi merveilleuse qu'inexplicable ! Quel est son auteur ? Aucune intelligence humaine ne le saura jamais» [«¡(...) esa organización es para mí una obra tan maravillosa como inexplicable! ¿Quién es su autor? Ninguna inteligencia humana lo sabrá jamás»]. Una cita que quizá acabó de convencer a Ducasse sobre el seudónimo a utilizar. Véase Moret, 2025.

[6] Aunque existen distintas explicaciones sobre el origen del nombre de la capital uruguaya, lo toma del cerro que se ubica junto a su bahía.

re, su procedencia quedará seguramente para siempre sin resolver. En cuanto al manuscrito, nunca llegó a las librerías y solamente unos pocos ejemplares son encuadernados y entregados al autor. Aun así, Ducasse y Lacroix permanecieron en contacto.

Un año más tarde, en 1870, Ducasse se instala en el número 15 de la rue Vivienne. Retoma su nombre civil para publicar dos librillos titulados *Poésies* con la Librairie Gabrie, situada en el 25 del pasaje Verdeau, en el que todavía era su barrio. En abril se publicó *Poésies I* y en junio, *Poésies II*. Pese a ello y a que ambos se anunciaron en julio y agosto en la *Revue populaire de Paris* con la mención «par Isidore Ducasse, auteur de *Maldoror»*, nada se sabe de si fueron distribuidos o no. A decir verdad, podrían no haberlo sido, ya que solo existen dos juegos completos y un ejemplar desparejado de *Poesías I*.

El 24 de noviembre de ese mismo año, en pleno sitio de París, Isidore Ducasse fallece en su nuevo domicilio del número 7 del Faubourg Montmartre. Su certificado de defunción reza:

> Acta de defunción de Isidore Lucien DUCASSE, hombre de letras, de veinticuatro años de edad, nacido en Montevideo (América del Sur), fallecido esta mañana a las ocho horas en su domicilio, calle del faubourg Montmartre n.º 7; soltero (sin más información): dicha acta fue redactada en presencia de los señores Jules François Dupuis, hotelero, de cincuenta y un años de edad, domiciliado en París, calle del faubourg Montmartre n.º 7; y Antoine Milleret, mozo de hotel, de treinta años de edad, domiciliado en la misma casa; testigos que han firmado junto con nosotros, Louis Gustave Nast, adjunto al alcalde, después de hecha la lectura, constatándose el fallecimiento conforme a la ley[7].

---

[7] Steinmetz (2009: XLVI). La traducción es nuestra.

Lo mismo que su vida, las causas de su muerte siguen siendo un enigma[8]. Fue enterrado en la 35.ª división del cementerio del Norte (cementerio de Montmartre), para ser trasladado el 20 de enero de 1871 a la 49.ª división del mismo camposanto, con toda probabilidad a una fosa común. Debido a la destrucción de registros funerarios de ese periodo, así como a cambios significativos en el fosal, el vestigio de los restos de Lautréamont se ha perdido y, si algunos de sus biógrafos los sitúan en el osario del cementerio de Pantin, esta información es cuestionada por otros.

En 1874, Jean-Baptiste Rozez, librero y editor de Tarbes afincado en Bélgica, compró a Lacroix el *stock* de ejemplares de la edición original de *Los Cantos de Maldoror* para ponerlos a la venta, en esta ocasión con una nueva portada. No fue hasta 1885 cuando Max Waller, director de *Jeune Belgique*, publicó los dos primeros cantos, que fueron a parar a las manos de Léon Bloy, Joris-Karl Huysmans, Alfred Jarry[9] o Remy de Gourmont. Por más que estos autores rindiesen, cada uno a su manera, homenaje al universo de Lautréamont y que, más adelante, los surrealistas reconocieran al poeta como uno de sus más eminentes precursores[10], la auténtica propagación de su obra la había ejecutado Bloy, quien en el artículo «Le cabanon de Prométhée», publicado en *La Plume* del 1 de septiembre de 1890, tilda *Los Cantos de Maldoror* de «livre incohérent et merveilleux» y los presenta como la creación de un loco, pero también de un gran poeta: «Cher grand homme avorté! Pauvre rastaquouère[11] sublime!» [«¡Querido gran hombre frustrado! ¡Pobre rastacuero sublime!»].

---

[8] Lefrère (1998: 604), principal biógrafo de Ducasse, proporciona la lista de posibles causas de su muerte (incluida el suicidio) a partir de la rumorología del momento.

[9] Véase David, 2003.

[10] Véase Saliou, 2021a.

[11] Aquí, la acepción de *rastacuero* es la de un individuo, generalmente de origen sudamericano o mediterráneo, que hace gala de un lujo ostentoso y de mal gusto, y cuyos medios de existencia son sospechosos.

La acogida de la obra de Lautréamont en el mundo hispánico tuvo lugar a finales del siglo XIX, siendo la primera traducción de sus composiciones la que Ricardo Baeza hizo de fragmentos del primer canto de *Maldoror* en el número IX de la revista *Prometeo* (julio de 1909), fundada y dirigida por Javier Gómez de la Serna (padre de Ramón). Por tanto, las letras hispánicas se interesaron por la parva producción literaria de nuestro protagonista bien pronto. Una antelación que no tuvo influencia en las letras españolas de la época, más allá de unos pocos poetas y artistas que, bajo el influjo del surrealismo galo, supieron apreciar en Lautréamont un punto de inflexión literario. Ello no obsta para reseñar y realzar que su recepción en España es fruto de la aceptación de la que fue objeto en América Latina, su continente de origen. La primera referencia que tenemos al trabajo del montevideano en español se remonta a 1896. Se trata del artículo «El Conde de Lautréamont», incluido en el libro *Los raros* de Rubén Darío[12], que demuestra el buen olfato del nicaragüense[13]. Para Darío, Lautréamont es un «raro» porque, junto con Rachilde, es un caso único en la historia del pensamiento universal. Ambos son «seres amargados, atormentados por la genialidad y enfrentados

---

[12] Fue publicado primero como artículo en el diario de Montevideo *La Razón,* el 24 de julio de 1984, con el título «Un compañero ignoto. El conde de Lautréamont». Nuestras citas a este texto aluden a la edición de *Los raros* a cargo de Ricardo de la Fuente Ballesteros y Juan Pascual Gay para la colección Letras Hispánicas de la editorial Cátedra (Madrid, 2020).

[13] «[...] es asombroso el instinto de Darío: fue el primero que se ocupó, fuera de Francia, de Lautréamont», Octavio Paz, «El caracol y la sirena», *Revista de la Universidad de México,* vol. 19, núm. 4 (diciembre de 1964), pág. 8.

en una lucha desigual con el público de su tiempo, que los señala como perversos y ridículos»[14].

Darío destacará la novedad y originalidad de *Los Cantos de Maldoror*, un libro que «sería único si no existiesen las prosas de Rimbaud»[15]. Asimismo, lo compara con Poe: «Ambos tuvieron la visión de lo extranatural [...] ambos experimentaron la atracción de las matemáticas», y señala a su vez lo que los separa: «Poe fue celeste, y Lautréamont infernal»[16]. Además de expresar su admiración, el autor de *Los raros* advierte de los peligros de este libro «diabólico y extraño, burlón y aullante, cruel y penoso» y aconseja a los jóvenes «que [no] se abreve[n] en esas negras aguas, por más que en ellas se refleje la maravilla de las constelaciones»[17]. Esta opinión no era excepcional; correspondía a toda una serie de argumentos, frecuentes en los círculos literarios parisinos de la época, sobre la supuesta locura de Ducasse. En este sentido, Léon Bloy había calificado al de Montevideo de loco, demente, alienado, maníaco e insensato. Fue el artículo de Bloy sobre Ducasse, «Le cabanon de Prométhée», el que llamó la atención de Darío, hasta tal punto que reprodujo las tres cuartas partes del mismo. De hecho, el nicaragüense no había tenido acceso a la obra de Lautréamont, sino únicamente al artículo de Bloy[18]. Debía incluso desconocer la existencia de las primeras ediciones de *Los Cantos de Maldoror*, ya que, según él: «El poe-

---

[14] Publio González-Rodas, «Rubén Darío y el Conde de Lautréamont», *Revista Iberoamericana*, vol. XXXVII, núm. 75, abril-junio de 1971, pág. 376.

[15] Darío, *op. cit.*, pág. 438.

[16] *Ibíd.*, pág. 439.

[17] *Ibíd.*, pág. 438.

[18] Véanse los artículos de Sidonia C. Taupin, «¿Había leído Darío a Lautréamont cuando lo incluyó en *Los Raros*?», *Comparative Literature*, vol. 11, núm. 2 (primavera de 1959), págs. 165-170, y González-Rodas, *op. cit.*, págs. 377-383.

ma de Lautréamont se publicó hace diecisiete años en Bélgica» —dato que extrae de Bloy—, para añadir su condición de «inencontrable»[19].

A pesar de estos antecedentes, no debe minimizarse la significativa revelación que el aporte de Darío supuso para los jóvenes escritores españoles y latinoamericanos[20]. En aquel periodo, Lautréamont era muy poco conocido en Francia y prácticamente ignorado en el resto del mundo. Es a Rubén Darío a quien debemos, como señaló Maurice Saillet[21], la restitución del supuesto conde a su continente de origen, aunque el texto del autor de *Azul* no sirvió para despertar su interés en artistas y literatos. Antes de que su verdadera rehabilitación tuviera lugar en Francia, el nombre de Lautréamont —y no digamos el de Ducasse— tuvo una escasa presencia en los círculos literarios y artísticos hispanos, muchas veces como influencia velada más que como reconocimiento explícito, como ocurrió con el poeta chileno Vicente Huidobro, líder intelectual del creacionismo literario, en cuyo poema *Altazor* (publicado en 1931, pero iniciado en 1919) no es fácil leer algunos pasajes sin pensar en la revuelta de Maldoror. En la obra de Huidobro, empero, no hay referencias directas a Lautréamont/Ducasse. Sí, en cambio, en su correspondencia, donde en una misiva fechada en 1931 y enviada a Luis Buñuel en respuesta a una provocativa carta de este sobre *Altazor,* en la que lo acusaba de ser un artista fallido, el chileno escribió: «Respecto a lo de artista fracasado es posible que tenga Ud. razón [pero] en mi fracaso voy junto con Rimbaud y Lautréamont»[22]. En cualquier caso, si bien *Los*

---

[19] Darío, *op. cit.,* pág. 443.

[20] Taupin, *op. cit.,* pág. 170.

[21] Maurice Saillet, *Les inventeurs de Lautréamont,* París, Le Temps qu'il fait, 1998 (publicado inicialmente en *Les Lettres nouvelles,* núms. 14, 15, 16 y 17 [1954]).

[22] René de Costa, «Introducción», en Vicente Huidobro, *Altazor. Temblor de cielo,* Madrid, Cátedra, 1981, pág. 24.

Cantos de Maldoror y *Altazor* son dos productos muy diferentes, las huellas del primero en el segundo, aun cuando superficiales, son innegables[23].

Al efímero movimiento creacionista le sucedió en 1919 otro con igual o mayor afán rupturista, pero con distintos puntales. Nos referimos al ultraísmo, manifestación española de desperdigadas ideas estéticas desarrolladas en países europeos vecinos (futurismo, cubismo y dadaísmo, básicamente). Fue en la revista ultraísta *Cervantes* (junio de 1919) donde apareció la primera referencia crítica a la obra de Lautréamont, un exordio no firmado a la traducción que de *Poésies I* hizo César A. Comet:

> En la revista parisiense *Littérature* [...] se ha publicado el siguiente manifiesto de Isidoro Ducasse, que se remonta a los años de 1870-1871, época de inquietud literaria, muy semejante a la nuestra [...]. Este manifiesto, escrito en un estilo mordiente y cáustico, de noble y gran libelo, es una condenación inapelable de toda la literatura malsana y deprimente, romántica, bohemia, etc. Ducasse [...] revuelve los tizones de los falsos altares y mete sus manos en las fauces de todos esos leoncillos de la falsa gloria. Dice en voz alta y clara lo que tantos habrán pensado en silencio. Proclama la gran verdad olvidada, que se puede ser un gran artista, sin ser un enfermo, y restablece los cánones del arte optimista y beato [...][24].

Estas anónimas palabras, que elevan *Poesías I* al rango de manifiesto, bien podrían atribuirse al director de la revista, Rafael Cansinos Assens, quien precisamente no se prodigó en la reivindicación de Lautréamont. Incluso en su monu-

---

[23] Rosa Fernández Urtasun, «La poética de Lautréamont y la escritura vanguardista», *Thélème: Revista complutense de estudios franceses,* núm. 14, 1999, pág. 65.
[24] «El manifiesto de Isidoro Ducasse. Contra el arte malsano», *Cervantes,* junio de 1919, págs. 105-106.

mental *La novela de un literato,* testimonio imprescindible de la época de su autor y de las vanguardias españolas, así como de sus influencias culturales, no aparece ni una sola mención al autor de *Los Cantos de Maldoror.* Esto sugiere que la acogida no fue muy ferviente entre los ultraístas, como parece corroborarlo otro de sus fundadores y referente ineludible del movimiento, el escritor y crítico literario Guillermo de Torre. Autor de *Hélices* (1923), el poemario más representativo de los distintos estilos de versificación del ultraísmo, también despuntó como cronista e historiador de los movimientos internacionales de vanguardia, actividad que plasmó en su libro *Literaturas europeas de vanguardia* (1925), cuya segunda edición pasó a titularse *Historia de las literaturas de vanguardia* (1965). En esta última se ocupa más ampliamente de Lautréamont[25], pero también se muestra mucho más beligerante, con él y con quienes lo adoraron. Sin ir más lejos, después de preguntarse si es «un precursor o [...] un retrasado»[26], apostilla: «una sensación de falsedad, de hipérbole deliberada, de amaño retórico voluntario, es la que producen, desde sus primeras páginas a las últimas, los *Cantos*»[27]. Tampoco se libra *Poesías,* llegando Torre a defender a Albert Camus en su controversia con los surrealistas a propósito de la obra[28]. Pero lo más llamativo es la valoración de estas como un escrito

---

[25] Si en la primera edición compartía epígrafe con Rimbaud, en la segunda tiene uno propio.

[26] Guillermo de Torre, *Historia de las literaturas de vanguardia,* vol. 2, Madrid, Guadarrama, 1975, pág. 67.

[27] *Ibíd.,* pág. 68.

[28] En *El hombre rebelde* (1951), Camus incluye su artículo «Lautréamont et la banalité» (publicado el mismo año en el núm. 307 de *Cahiers du Sud),* donde critica abiertamente *Poesías,* a las que tilda de «banalités laborieuses». Ese mismo año, Breton le replicó en otro artículo que, lejos de ser banalidades laboriosas, *Poesías* son en realidad enigmas: lo que está en juego entre líneas y entre los intertextos apela a la naturaleza misma del lenguaje (Breton, 1951).

que «asume en todas sus líneas un carácter inequívoco de palinodia»[29]. Un giro sorprendente, habida cuenta de que, cuarenta años antes —en la primera edición del libro—, fue el primero en nuestro país que, para rebatir la opinión de Gómez de la Serna, remarcó la conformidad existente con *Los Cantos de Maldoror*:

> Este prefacio [*Poesías*][30] guarda más unidad de la aparente con los *Cantos*. Es preciso haber leído atentamente el primero para comprobar que aun propugnando y realizando Ducasse mismo una conversión ideológica hacia el optimismo y la serenidad, persisten en el fondo de su espíritu las mismas características formales e intencionales que en sus violentos y desmelenados Cantos: un estilo erizado, análogamente acerbo y cáustico, las mismas violentas alegorías y blasfemias e idéntico gesto satánico, derrocador, incendiario...[31].

Como argumentaremos más adelante, hay continuidad y comunión entre *Los Cantos de Maldoror* y *Poesías*. Que Gómez de la Serna, líder incontestable de la vanguardia española y uno de nuestros más distinguidos críticos de la literatura francesa, los considerase contradictorios no desmerece el papel que jugó en la divulgación hispana de Lautréamont. Con su hermano Julio (traductor) publicó, en 1925, la primera edición en español, aunque incompleta (se omitieron catorce estrofas), de *Maldoror*[32]. En su prólogo, Ramón destaca que

---

[29] Guillermo de Torre, *op. cit.*, pág. 67.
[30] En su carta al banquero Joseph Darasse de 12 de marzo de 1870 (véase el Apéndice I), Ducasse se refiere a *Poesías* como «prefacio», de ahí que se hayan incluso editado bajo el título —o con el subtítulo— de *Préface à un livre futur.*
[31] Guillermo de Torre, *Literaturas europeas de vanguardia,* Madrid, Caro Raggio, 1925, pags. 208-209 (nota al pie).
[32] El conde de Lautréamont, *Los Cantos de Maldoror,* Madrid, Biblioteca Nueva, 1925. La edición que hemos manejado es la de la editorial Mateu (Barcelona, 1970), a cargo de Manuel Serrat y Henriette Viguié, que completa las lagunas de la indicada.

encontramos en ese libro «los mejores juegos de palabras y de imágenes»[33], para luego añadir que en él «se reconocen las nuevas blasfemias, que ya no son trágicas, sino irónicas, dotadas de sarcástica naturalidad. [Blasfemias] que deben haber impresionado a Dios y haberle hecho más mella que ninguna otra blasfemia»[34], antes de recalcar que «[...] tiene su obra una cosa sagrada, ímproba, de rebelión sensata, de revolución, por el insulto, que le hace aparecer [*sic*] el segundo redentor que aún está en los infiernos»[35].

En 1935, con motivo del anuncio de la publicación en París de una edición de *Los Cantos de Maldoror* ilustrada por Salvador Dalí, Gómez de la Serna aprovechó las páginas del diario madrileño *Ahora* para regresar a Lautréamont. Pocas novedades aporta respecto a su prólogo de 1925, pero hace un breve balance de su acogida durante los diez años transcurridos desde la publicación de la edición española a su cargo, y aprovecha para difundir algunas críticas al decadentismo, del que Lautréamont, según él, está muy alejado, así como para subrayar la ironía de *Poesías* («prefacio irónico a algunos poemas nunca publicados»)[36], rasgo del que muy pocos se habían dado cuenta en aquel momento:

> Sin embargo, con tan escueta biografía, este hombre desconocido, que fue procesado por la Providencia y sentenciado a muerte al año de publicar su sarcástico prefacio, es el ídolo de las juventudes literarias de hoy, el único que consideran completamente excepcional y audible, el único al que, pasado el tiempo, no encuentran «demodé»[37].

---

[33] Ramón Gómez de la Serna, «Isidore Ducasse (Conde de Lautréamont)», en Isidore Ducasse, Conde de Lautréamont, *Los Cantos de Maldoror*, Barcelona, Editorial Mateu, 1970, pág. 21.

[34] *Ibíd.*, pág. 23.

[35] *Ibíd.*, pág. 24.

[36] Ramón Gómez de la Serna, «Maldoror», *Ahora*, 7 de septiembre de 1935, pág. 5.

[37] *Íd.*

Esas «juventudes literarias de hoy» eran los surrealistas, quienes consagraron a Lautréamont/Ducasse. Mas no lo descubrieron. Como hemos esbozado, en la Francia de finales del siglo XIX, *Los Cantos de Maldoror* impactaron en el epicentro de las preocupaciones estéticas de los decadentistas, quienes fueron sus principales valedores, en particular Bloy y Huysmans. Con la llegada del cambio de siglo, la vehemencia por Lautréamont se desvaneció, pero su presencia era subterránea y acompañaba a las vanguardias: el *esprit nouveau* tan querido por Apollinaire, el futurismo de Marinetti o el dadaísmo naciente en Alemania y Suiza son todos movimientos que forjarán una modernidad por medios radicales, cuestionando el fundamento mismo de la poesía y el papel del arte, como lo hizo Isidore Ducasse. No es casualidad que en 1913 se reimprimiesen algunas estrofas de *Los Cantos de Maldoror,* estrofas que serían celebradas por Valéry Larbaud[38] y leídas sobre todo por los jóvenes que pronto conformarían el surrealismo. Sin olvidar a Rémy de Gourmont y su artículo «La Littérature "Maldoror"»[39], publicado meses después del de Bloy, estudio que reveló por vez primera esa obra hasta entonces ignota que era *Poesías.*

Con todo, como decíamos, quienes coronaron a Lautréamont como un príncipe-poeta demiúrgico fueron los surrealistas, que alabaron el poder de las imágenes de *Los Cantos de Maldoror* y su rebelión contra el orden establecido. Ducasse fue para ellos lo que Jesús para los cristianos[40]. Se posicionaron también como guardianes del texto maldororiano y rechazaron cualquier interpretación del mismo. En lo que atañe a *Poesías,* la historia de su edición en el

---

[38] Larbaud ya se había interesado antes por autores desconocidos de las literaturas francesa e inglesa (véase Valery Larbaud, *Ce vice impuni, la lecture. Domaine anglais,* París, Gallimard, 1936, y *Ce vice impuni, la lecture. Domaine français,* París, Gallimard, 1941).

[39] *Mercure de France,* t. II, núm. 14, febrero de 1891, págs. 97-102.

[40] Philip (1971: 39).

siglo xx debe considerarse una «actividad militante de los poetas del grupo surrealista»[41]. Así fue. André Breton y sus secuaces vieron en ellas un material de igual calado que *Maldoror*[42]. Ahora bien, si el alcance onírico y sexual de este último libro coincidía con el nuevo sistema de representación de una percepción moderna, donde el inconsciente era lo que más contaba, la abjuración que contenía *Poesías* les planteó una dificultad a la que nunca intentaron responder, pero sobre la que reflexionaron constantemente, llegando a estar en la base de libros como *Traité du style* de Aragon y de las «Notes sur la poésie» de Éluard y Breton[43].

Este último copió a mano en la Biblioteca Nacional los dos opúsculos que componen *Poesías*[44] para que Aragon y Soupault pudieran leerlos, matando dos pájaros de un tiro, ya que, de este modo, también pudo publicarlos en los números 2 y 3 de *Littérature* (1919). En la misma revista, Éluard presentó la correspondencia de Ducasse, mientras que Soupault se interesó por su biografía (que, pareciendo seguir las enseñanzas de su biografiado, prácticamente plagió)[45]. El apasionamiento en torno a Lautréamont estuvo marcado, en 1921, por un número de la revista belga *Le Disque vert* que animaba a los escritores del momento a examinar el «caso Lautréamont»[46]. Fue el comienzo de una

---

41 Pariente (1998: 11).

42 En febrero de 1914, Valéry Larbaud había reproducido extensos fragmentos de *Poesías* en la revista *La Phalange,* principal fuente del descubrimiento, en 1917, por parte de Soupault, Breton y Aragon del texto ducassiano.

43 Steinmetz (2001: 32).

44 Este ejemplar es el único existente de *Poesías* hasta la fecha.

45 Es lo que afirma Carlos Martínez Moreno en el prólogo a la edición ciclostilada del libro de Gervasio y Álvaro Guillot Muñoz, *La leyenda de Lautréamont.* Incluso va más allá y tilda de saqueo la relación de Soupault con la obra de los hermanos Guillot.

46 Este número contó con textos de Gide, Soupault, Delteil, Crevel, Ungaretti o Supervielle (otro, junto con Jules Laforgue, de los grandes poetas galos nacido en Montevideo).

corriente que llevaría a muchos de los protagonistas de la literatura francesa a interesarse por tan misterioso autor. Maurice Blanchot comenzó a escribir sobre él a partir de 1940, antes de publicar su irremplazable *Lautréamont et Sade* nueve años después. Mientras tanto, en 1946, *Les Cahiers du Sud* (núm. 275) tituló uno de sus números «Lautréamont n'a pas cent ans», en el que colaboraron nombres como Artaud, Ponge, Masson, Bachelard, Caillois o Gracq[47].

Después de que André Breton publicara los dos finos tomos de Ducasse en los números de *Littérature* anteriormente indicados, este y Paul Éluard pergeñaron a finales de la década de 1920 las también citadas «Notes sur la poésie», publicadas en el número 12 de *La Révolution surréaliste* (15 de diciembre de 1929)[48], en las que, siguiendo el procedimiento de Ducasse de modificar las máximas de Pascal, Vauvenargues y otros moralistas galos, hacen lo mismo con treinta y nueve proposiciones de Paul Valéry procedentes de sus *Cahiers* y que bajo idéntico título, «Notes sur la poésie», venían de ser publicadas en el semanario *Les Nouvelle littéraires, artistiques et scientifiques* (28 de septiembre de 1929). Ahora, el que mejor captó el potencial de *Poesías* fue Louis Aragon, quien, a diferencia de Soupault y otros, no las considera un prefacio, sino que se fía de su título:

> La lecture des *Poésies* ne ressemble aucunement à la lecture d'un autre livre. Elle suppose connu le monde de l'auteur. Exemple: si pour Ducasse les chefs-d'œuvre de la littérature française sont les discours de distribution de prix, cela demande à être accepté avec ce que cela entraîne comme conception de la littérature française. Et qu'Hugo,

---

[47] La recepción de Ducasse no fue siempre positiva entre los intelectuales franceses. Ahí está el ya referido caso de Albert Camus.

[48] Texto que posteriormente, en 1936, se publicó como librito en las ediciones GLM.

Boileau, Scarron, soient réunis dans une même phrase suppose une perspective imposée qui sera celle du livre entier. C'est pourquoi il faut corriger chaque phrase calquée sur un auteur célèbre, avec l'original qu'elle corrige. L'écart de Pascal à Ducasse, par exemple, exprimera par ce qui est négligé, par les substitutions de termes, par les images introduites, le mouvement même qui nous est caché par l'aspect fini des propositions écrites[49].

En lo atinente al surrealismo español y su relación con nuestro autor, lo primero que habría que considerar es lo que en su día alegó, con razones de peso, Luis Antonio de Villena: «En España el surrealismo no es [...] una *vanguardia,* y no hay, por tanto, *espíritu de grupo* ni manifiestos ni afán epatante respecto al buen burgués. [...] en España no hay *surrealismo,* hay, ante todo, *surrealistas*»[50]. Además de las incursiones literarias nada despreciables de Picasso, Dalí y Buñuel, a quienes Max Aub consideraba los únicos poetas surrealistas españoles[51], hay que identificar como surrealista parte de la lírica de Federico García Lorca[52], las

---

[49] «La lectura de las *Poesías* no se parece en absoluto a la lectura de otro libro. Supone conocido el mundo del autor. Ejemplo: si para Ducasse las obras maestras de la literatura francesa son los discursos de entrega de premios, eso debe ser aceptado con todo lo que implica como concepción de la literatura francesa. Y que Hugo, Boileau, Scarron, se reúnan en una misma frase supone una perspectiva impuesta que será la del libro entero. Por eso hay que corregir cada frase calcada de un autor célebre con el original que corrige. La distancia de Pascal a Ducasse, por ejemplo, expresará —a través de lo que se omite, de las sustituciones de términos, de las imágenes introducidas— el movimiento mismo que nos está oculto por el aspecto acabado de las proposiciones escritas», Aragon, 1930. La traducción es nuestra.
[50] Luis Antonio de Villena, «Estudio crítico», en Vicente Aleixandre, *Pasión de la tierra,* Madrid, Narcea, 1977, pág. 23 (las cursivas son del autor).
[51] Max Aub, *Buñuel, todas las conversaciones,* ed. de Jordi Xifra, Zaragoza, Prensas de la Universidad de Zaragoza, 2020, pág. 509.
[52] Véase Virginia Higginbotham, «Reflejos de Lautréamont en "Poeta en Nueva York"», *Hispanófila,* núm. 46, septiembre de 1972, págs. 59-68.

composiciones de la primera etapa de Vicente Aleixandre[53] y prácticamente toda la producción poética de José María Hinojosa[54], a más de otros escritores, como Agustín Espinosa, autor, por cierto, de un interesante artículo sobre Lautréamont[55].

La impronta del franco-uruguayo, especialmente en el decir lírico de los últimos poetas citados, llevaba consigo el sello de *Los Cantos de Maldoror,* no habiendo rastro significativo de *Poesías* en la creación literaria española adscrita al surrealismo. De hecho, el díptico que conforma *Poesías* no fue traducido íntegro al español hasta 1943, traducción que corrió a cargo del mexicano José Ferrel y que fue publicada en el número de septiembre de la revista *El hijo pródigo.* Dos años más tarde, otro poeta, el chileno Braulio Arenas, realizó una nueva traducción que se publicó como librito en Buenos Aires. También en Argentina tuvo lugar en 1964 otra que abarcaba sus obras completas, esta vez a cargo de Aldo Pellegrini, no siendo publicados los dos opúsculos de *Poesías* en nuestro país hasta 1988, en una edición bilingüe de las obras completas cuya traducción fue del también poeta Manuel Álvarez Ortega.

La afiliación de la figura de Lautréamont por los surrealistas hubiera podido confinarlo en el territorio de los autores marginales venerados por determinadas vanguardias,

---

[53] Véanse Vicente Granados, *La poesía de Vicente Aleixandre (Formación y evolución),* Málaga, Planeta, 1977; Giancarlo Depretis, «I riflessi dei *Chants de Maldaror* nella figuratività di *Pasión de la tierra»,* en *Studia Historica et Philologica in Honorem M. Batllori,* Roma, Publicaciones del Instituto Español de Cultura, 1984, págs. 613-628; Rosa Fernández Urtasun, *op. cit.,* págs. 67-68.

[54] Véase Alfonso Sánchez Rodríguez, «Leyendo a Lautréamont. Huellas de *Los Cantos de Maldoror* en *La flor de California* de José María Hinojosa», *Calas: Revista de Literatura del Centro Cultural Generación del 27,* núm. 5, junio de 1999, págs. 62-71.

[55] Agustín Espinosa, «Esquema de Lautréamont B.», *Heraldo de Madrid,* 12 de noviembre de 1930, pág. 8.

pero sin más recorrido literario, si no fuese por la intervención, a partir de finales de la década de 1950, del grupo de intelectuales que crearon la revista *Tel Quel,* capitaneados por el matrimonio Sollers-Kristeva, y cuya personal visión sobre la obra del montevideano se reflejó en la hoy ya clásica —amén de controvertida— monografía de Marcelin Pleynet[56]. Al margen de que esta renovada atención por la labor de Ducasse procediese del posestructuralismo, bastante crítico con la visión de los surrealistas, hay que destacar el cambio de foco operado por *Tel Quel,* elevando *Poesías* al mismo rango que *Los Cantos,* seguramente influidos por el particular contexto político en el que la revista se desarrolló, donde el deseo de la revolución era sensible y los eslóganes que emergieron en Mayo del 68 parecían provenir más de la mente del autor de *Poesías* que de la del creador de *Los Cantos.* Esta herencia posestructuralista acabó con el ostracismo al que *Maldoror* había condenado la obra que hoy nos convoca y que es hora de abordar.

PRESENTACIÓN DE «POESÍAS»

Isidore Ducasse, el otrora «conde de Lautréamont», ya nos previene del empuje renovador de su nuevo librito desde el epígrafe inaugural:

> Reemplazo la melancolía por el coraje, la duda por la certitud, la desesperanza por la esperanza, la maldad por el bien, las quejas por el deber, el escepticismo por la fe, los sofismas por la frialdad de la calma y el orgullo por la modestia.

Lo primero que se observa es que la idea de reemplazo es recurrente en nuestro autor. Recordemos, siguiendo el or-

---

[56] Pleynet, 1967.

den cronológico, las variaciones onomásticas autorales de sus producciones literarias: el uso de los asteriscos *(Los Cantos de Maldoror,* edición de 1868), el seudónimo («El conde de Lautréamont», en *Los Cantos de Maldoror,* edición de 1869) y finalmente el patronímico (Isidore Ducasse, en *Poesías)*[57]. Sumado a esto, la aparente transparencia en la exposición de sus propósitos de cambio[58] contrasta con el texto al que da paso, puesto que *Poesías* es una de las creaciones más enigmáticas de toda la literatura universal. Su misterio corre en paralelo al de la vida de su autor y, si este no hubiese publicado primero *Los Cantos de Maldoror*[59], tal vez hubiera quedado olvidada para siempre. Máxime teniendo en cuenta que estas *Poesías* no son poemas ni composiciones líricas, sino una recopilación anómala de reflexiones[60] agrupadas en dos opúsculos de corta extensión aparecidos en abril *(Poesías I)* y junio *(Poesías II)* de 1870, pocos meses antes de la muerte de su autor, y cuya difusión se desconoce.

Su correspondencia —que publicamos como primer apéndice— tampoco aclara mucho, a pesar de que en ella

---

[57] Un proceso llamativo, pues lo corriente, en estos casos, es ir disolviendo la identidad a medida que evoluciona la obra.

[58] Puede especularse, y así se ha hecho, que este afán de cambio procede del fracaso editorial de su anterior libro.

[59] El que los publicara primero no quiere decir que los escribiese en su totalidad o en parte antes que *Poesías.* Todo apunta a que así es, pero no es descabellado, como advertiremos en su momento, acercarse a *Poesías* como un texto preliminar a *Maldoror.*

[60] Los estudios de las formas literarias breves suelen incluir una parte inicial dedicada a delimitar conceptualmente la máxima, el aforismo, la sentencia, el adagio, el apotegma, el pensamiento, la reflexión, etc. Unos conceptos que a menudo son de difícil distinción cuando se aplican a supuestos como el que nos ocupa. Cuando nos refiramos a Pascal, usaremos «pensamientos», y en el caso de Vauvenargues, «máximas» o «reflexiones», tal y como rezan los títulos de sus respectivas obras. En el resto de casos, emplearemos aleatoriamente la terminología.

amplía el abanico de intenciones[61] que respaldaban la redacción de *Poesías*. A veces llega incluso a confundir, como cuando, en su carta del 12 de marzo de 1870, dirigida al banquero Joseph Darasse, escribe: «Mi volumen no estará terminado hasta dentro de 4 o 5 meses. Pero, entretanto, quisiera enviar a mi padre el prefacio, que contendrá 60 páginas; publicado por Al. Lemerre». Esta declaración es el origen de que Philippe Soupault infiriese que *Poesías* era un prefacio a una obra futura y editase, en 1922, una versión con ese título[62].

¿Qué sentido tienen estas *Poesías,* de título tan escueto como provocador? De entrada, en lo relativo a su disposición, ya hemos señalado que son dos fascículos dedicados a allegados del autor. Si en *Poesías I* Ducasse, haciendo gala de una erudición exquisita, nos brinda un tipo de manual de lectura, una privativa *ars poetica* en la que proyecta su mirada crítica sobre la literatura anterior, en *Poesías II* mayormente reescribe y adapta las máximas de grandes moralistas franceses de los siglos XVII y XVIII[63] en un ejercicio tan inteligente como impertinente por parte de un joven escritor de veintitrés años. Excepto cinco, estas máximas son de Vauvenargues (36)[64] y Pas-

---

[61] Estas intenciones deben ser tomadas con las precauciones propias de la aproximación a un autor que hizo de la ironía una de sus divisas.

[62] A su vez, el proyecto descrito por Ducasse en esa misiva no es exactamente el mismo. El texto que conocemos concibe una única enmienda de alcance al corpus romántico (la del poema de Hugo «Tristeza de Olimpio»). De Lamartine, revisa sutilmente un par de composiciones (Saliou y Lerouge, 2020). Y en cuanto a su ataque a la duda, utiliza el sustantivo para aglutinar aquellos tópicos que caracterizan al Romanticismo y no para aludir a la duda pascaliana.

[63] Asimismo, reelabora con mayor o menor enjundia composiciones de otros literatos románticos, como las reseñadas de Hugo y Lamartine, que identificamos en notas al pie de la versión original francesa y, en un caso concreto, en el aparato apendicular.

[64] De hecho, son treinta y cinco las máximas alteradas, pero la 140 lo es en dos ocasiones: *II,* 139 y 158. Aprovechamos para indicar que tanto las referencias al texto como las citas directas se glosan con el número del

cal (30)[65]. El último tercio de *Poesías II* está prácticamente compuesto de aforismos reformulados. Es más, la estructura del opúsculo es, en líneas generales, simétrica en lo referente a la elección de los hipotextos: Vauvenargues y Pascal (inicio); La Rochefoucauld (mitad); Pascal y Vauvenargues (fin)[66]. Por todo lo cual es posible afrontar *Poesías II* como un conjunto de demostraciones lógicas y empíricas de lo contenido en *Poesías I,* que da lugar a una organización en dos tiempos: en primer lugar, los principios teóricos, y luego el escrutinio crítico del corpus romántico, así como su condena. Sin embargo, esta estructura no es homogénea y encontramos principios en el segundo tomo que no tienen un antecedente claro en el primero. Y viceversa, hay otros que parecerían generales, pero que no lo son, ya que tienen su ascendente en *Poesías I.* El caso más sugerente lo constituyen las formulaciones que afectan precisamente a la modificación de las máximas:

> Un bedel podría hacerse con un bagaje literario, diciendo lo contrario de lo que han dicho los poetas de este siglo. Reemplazaría sus afirmaciones con negaciones. Recíprocamente. Si es ridículo atacar los primeros principios, más ridículo es defenderlos contra esos mismos ataques. No los defenderé[67].

> [...] El plagio es necesario. El progreso lo implica. Sigue de cerca la frase de un autor, se sirve de sus expresiones, borra una idea falsa, la reemplaza por la idea justa[68].

---

opúsculo (romano y en cursiva: *I* o *II)* seguido del número del párrafo, de acuerdo con la numeración que hemos establecido. En este caso concreto nos referimos, pues, a los aforismos 139 y 158 de *Poesías II.*

[65] Excluimos *II,* 123, de dudosa paternidad pascaliana, como pretenden algunos que la consideran una adaptación de otro texto de Pascal, *De l'esprit géométrique.* No estamos muy de acuerdo con ello, como exponemos en la nota al pie de su original.

[66] El plagio de La Bruyère se sitúa al final *(II,* 154), como si se tratase de una coda.

[67] *II,* 19.

[68] *II,* 59.

Una máxima, para estar bien hecha, no demanda ser corregida. Demanda ser desarrollada [69].

Estos tres aforismos no surgen de la nada, sino que desarrollan otro de carácter más general presente en el primer volumen:

Si se corrigieran los sofismas en el sentido de las verdades correspondientes a esos sofismas, no más que la corrección sería verdadera; mientras que la pieza así reelaborada tendría el derecho de ya no intitularse falsa. El resto quedaría fuera de lo verdadero, con traza de falso, por consiguiente nulo, y considerado, forzosamente, como no válido [70].

De resultas, podemos estimar que *Poesías I* es una parte general del arte poético ducassiano, y *Poesías II* su parte especial, en la que se ponen en práctica tanto enunciados del primer como del segundo opúsculo. Si esto es, como acabamos de mostrar, aplicable a la esfera del proceso de plagio, corrección y adaptación de las máximas de los moralistas, no lo es a otros ámbitos: *Poesías* no posee en este tema un entramado equilibrado y menos una lógica en el desarrollo discursivo de sus dos partes. De ahí, hasta cierto punto, su anomia; anomia que se intensifica al no adscribirse Ducasse a género literario alguno a la hora de promover sus ideas. *Poesías* puede considerarse un panfleto, un ensayo, un diario íntimo, un carné de trabajo, un manifiesto, una suerte de discurso sobre la poesía, la moral y la filosofía, una recopilación de eslóganes *avant la lettre* o incluso un breviario de lectura cotidiana. Sin descartar que pueda tratarse asimismo de un prefacio —no sabemos si a una obra futura—, como explicaremos más adelante. Lo que sí está claro es que, mientras en *Poesías I* vertebra un progra-

---

[69] *II,* 60.
[70] *I,* 45.

ma sobre un fondo de negaciones y de ataques polémicos, con el propósito de configurar una *poética,* y en *Poesías II* ambiciona más bien una *ciencia,* en ambos textos persiste la voluntad de escrutar el espacio propio de la poesía, de que esta sea confrontada a los momentos de su historia, comparada al drama y a la tragedia, paralelada con la filosofía o confundida con el apotegma[71].

Por si esto no fuese suficiente, el título es problemático: *Poesías,* en plural, cuando en el texto se nos dice: «No existen dos géneros de poesías; no hay más que una»[72]. Pero es ahí donde radica el poder de subversión que, en otro orden de ideas y desplazamientos, también estaba presente en *Los Cantos de Maldoror.* Es ahí donde *Poesías* adquiere su sentido: el lector espera encontrar poemas y composiciones líricas y en su lugar se topa con máximas y pensamientos, una forma literaria fragmentada que no requiere justificación ni verdad, pues, como se encarga de subrayar Ducasse, se justifica por sí misma:

> La máxima no tiene necesidad de ella para probarse. Un razonamiento demanda un razonamiento. La máxima es una ley que encierra un conjunto de razonamientos. Un razonamiento se completa a medida que se aproxima a la máxima. Devenido máxima, su perfección rechaza las pruebas de la metamorfosis[73].

Más aún, una idea expresada a través de un aforismo no puede ser criticada: «Hace falta que la crítica ataque la forma, jamás el fondo de vuestras ideas, de vuestras frases»[74].

---

[71] Steinmetz (2001: 28).
[72] *I,* 6. Contra este argumento podría alegarse que en *Poesías II* afirma: «El escritor, sin separar una de la otra, puede indicar la ley que rige cada una de sus poesías» *(II,* 70), como si *poesía* significase 'poema', que sería el modo de interpretar el título.
[73] *II,* 46.
[74] *I,* 51.

En *Poesías II,* nuestro protagonista profesa esta «crítica» formal de las máximas de tres maneras principales no excluyentes entre sí: perfeccionando aquellas máximas que hay que completar, reduciendo aquellas a las que hay que suprimir las florituras literarias que las endilgan, y practicando desplazamientos y sustituciones para desenmascarar los sofismas que contienen[75]. Y todo esto para invertir o subvertir el sentido —llegando a alcanzar el sinsentido—, que es el elemento teleológico inmediato del ejercicio crítico ducassiano[76]. Una práctica para nada alejada, como parecería de entrada, de lo ejecutado por su *alter ego,* el conde de Lautréamont, en *Los Cantos de Maldoror.*

Dialéctica «Poesías»/«Maldoror»

Después de haber recorrido e incluso saqueado en *Maldoror* el corpus literario romántico y épico, Ducasse renueva su fuente de inspiración agregando una nueva maniobra de pragmática literaria: le corresponderá al lector, si cabe, no solo descifrar el hipotexto objeto de reescritura, ya que el autor nunca informa de él[77], sino igualmente interpretar el sentido de este proceder y el de la adaptación, a menudo realizada a través de permutaciones menores de palabras o signos de puntuación. Se trata de un ejercicio inédito en la historia de la literatura, y *Poesías II* deviene, al estar compuesto en gran parte por esas modificaciones, un textocentón que, en nombre del progreso intelectual, erige el

---

[75] Terray (1997: 85).

[76] En esta línea, Rodríguez Monegal y Perrone-Moisès (1984: 109) sostienen que, con o sin alteración o eliminación del sentido, la limpieza (simplificación, desmembramiento, reducción) es uno de los rasgos identitarios de este sistema.

[77] De hecho, lo hace, y de manera explícita, una sola vez, al final de *II,* 63: «Vauvenargues dijo "se priva de una parte de los socorros"».

plagio en verdadera teoría[78]. Pero la copia ducassiana no se contenta con reapropiarse del texto, lo rectifica, lo corrige, lo reescribe, lo adapta. En una palabra, lo metamorfosea[79], casi siempre con ironía.

Un proceso evocado por el propio Ducasse, como en los párrafos antes reproducidos[80], donde declara que de lo que se trata es de desarrollar una máxima —no solo decir lo contrario (esto lo puede hacer cualquiera)— y, con ello, progresar, porque sin plagio no hay progreso. Esto tiene una importante significación: la corrección de las máximas no supone ningún ataque a los moralistas de dos siglos atrás[81], parangonable a la demoledora crítica hacia el Romanticismo y sus representantes que perpetra en las mismas páginas. En efecto, el decir aforístico de esos moralistas es el precioso material del que Ducasse se sirve para articular sus pensamientos de *Poesías II*. Por esto es tan ridículo defender los primeros principios contra unos ataques; porque dichos ataques no son tales (atacarlos también es ridículo, nos advierte). Y, de esta guisa, *Poesías* es uno de los mejores homenajes a los moralistas, de quien Ducasse deviene epígono, al tiempo que lamenta que los autores románticos no los hayan reemplazado, como tampoco lo hicieron con Racine («Desde Racine, la poesía no ha progresado —y se trata exactamente de esto: de progresar— ni un milímetro»)[82]. Acaso dicha lamentación explica los reemplazos que él en principio sí practica y que anuncia en el epígrafe de *Poesías I*.

Especial relevancia tiene, en este modo de actuar, la propensión del autor a prescindir de los conectores lógicos del

---

[78] Lambert (2020: 47).
[79] Como dice en *II*, 46; aunque luego, en *II*, 60, matice y considere su actuación como un desarrollo de la máxima original, rechazando la idea de corrección.
[80] *II*, 19, 59 y 60.
[81] Véase *II*, 79.
[82] *I*, 47.

discurso[83]; propensión que cristaliza con la intervención que hace sobre la puntuación, ante todo introduciendo comas que sustituyen a las conjunciones copulativas[84]. Esto acontece en diferentes momentos, como en *II, 37, 87 y 89*, o en los íncipits de *II, 63, 64 y 133*. Es revelador el caso de *II, 63*: la primera frase de la reflexión de Vauvenargues es «La raison et le sentiment se conseillent et se suppléent tour à tour», que, reescrita por Ducasse, se transforma en «La raison, le sentiment se conseillent, se suppléent»[85]. ¿Por qué esta sustitución? Primero, porque le sirve para vaciar el hipotexto. Segundo, porque crea así una sensación de extrañamiento, que es uno de los efectos buscados en bastantes de sus sentencias[86]. Y tercero, porque de esta manera ritma el texto otorgándole una musicalidad más propia del verso que del apotegma[87], lo que no es nuevo, pues, como asegura Carandell[88], ya en *Los Cantos de Maldoror* Lautréamont se apoya en la hipotiposis acústica. Sucede lo mismo aquí: purgando las conjunciones copulativas

---

[83] Bolón (2024: 29).

[84] Como mostramos más adelante, si en *Poesías I* aparece ochenta veces la conjunción copulativa «et», en *Poesías II* solo cuatro.

[85] Cuando citamos el enunciado original con el fin de que pueda confrontarse con el de Ducasse, no traducimos los textos al español para facilitar así la labor comparativa.

[86] A diferencia de lo que piensan Saliou y Lerouge (2020), es crear este sentimiento, y no la duda, lo que persigue Ducasse. Ahí está, como paradigma de ello, la referencia a «la preposición quizá» de *I, 12*, un párrafo que termina con esta frase: «Pasar de las palabras a las ideas, no hay más que un paso», como si del paso de la duda al extrañamiento se tratase.

[87] No tiene, pues, a nuestro entender, ningún sentido introducir la copulativa en las traducciones hispanas, como se ha hecho hasta ahora, si no es para actualizar un texto que, por el motivo indicado, no requiere ningún reajuste.

[88] Zoraida Carandell, «Traduire le souffle: *Los cantos de Maldoror*, par Julio de la Serna», en Zoraida Carandell (ed.), *Traduire pour l'oreille: versions espagnoles de la prose et du théâtre poétiques français (1890-1930)*, París, Presses Sorbonne Nouvelle, 2014, págs. 163-184.

del enunciado plagiado, *Poesías II* se presenta como una hipotiposis acústica, más en el plano de la materialidad del verbo que en el de las representaciones. Porque Ducasse, descargando el texto de copulativas, provoca el mismo efecto que los paréntesis producían en *Maldoror:* que la gimnasia respiratoria se convierta en retórica respiratoria y esta, a su vez, en gimnasia de lectura[89]. Con esta estrategia, parece como si quisiese otorgar un estatuto poético a algunos de sus aforismos, certificando así que el título de sus dos opúsculos no es ni una ocurrencia ni una provocación[90].

Esta manera de obrar no es exclusiva del método plagiario. Ducasse la emplea también en fragmentos de su cosecha, con lo que depura una sentencia de sentido sin tener que reescribir otra preexistente, generando de cero el extrañamiento pretendido. Es el caso de *II, 82,* un párrafo extraordinariamente evocador sobre su particular poética. En él leemos el siguiente fragmento: «La edad madura comienza a razonar sin turbación. No hacía más que sentir, piensa», donde, al evitar introducir el adverbio demostrativo «ahora» al final de la segunda oración («ahora piensa»), está reforzando la extrañeza que ya ha introducido con la prosopopeya de la edad madura y con el uso contradictorio de los tiempos verbales de las dos frases[91].

Una de las secuelas estilísticas de ello es que los enunciados de nuestro autor poseen más viveza que los originales,

---

[89] Rym Abdelhak, «Le travail de la parenthèse dans *Les chants de Maldoror*», Burdeos, Presses Universitaires de Bordeaux, 2006, pág. 25. Gimnasia de lectura que está muy presente en la lógica de la puntuación que Ducasse aplica a aquellas estrofas que carecen de hipotexto, sobre todo en *Poesías I.*

[90] Para Ducasse, la conjunción copulativa es una suerte de freno al registro lírico.

[91] A quienes desorientó este proceder fue a prácticamente todos los traductores de *Poesías* (entre ellos, llamativamente, a todos los que eran poetas), que cayeron en la tentación de llenar el vacío con «ahora».

desembocando en un estilo cortado que acelera la cadencia de la expresión y que convierte el asíndeton en una de las figuras retóricas troncales. Es un rasgo del estilo de *Poesías II,* como lo demuestra la siguiente estadística: en las ochenta y tres reescrituras, Ducasse pule noventa y siete «et»[92], quince «mais», doce «parce que», siete «ou», seis «puisque», cinco «car», y elimina catorce «tous/tout/toute/toutes», seis «peut-être» y cinco «toujours»[93].

A estas alturas, entrevemos que el díptico *Maldoror-Poesías* integra un ejercicio literario diseñado por un joven erudito, ingenioso y provocador. Y la lectura de *Poesías* conduce al lector a una sensación de extrañamiento que aparenta progresar linealmente hasta llegar a su culmen en las dos últimas reflexiones:

> No se puede juzgar la belleza de la muerte más que por la de la vida[94].
> Los tres puntos terminadores me hacen encoger los hombros de piedad. ¿Tenemos necesidad de ello para probar que uno es un hombre de ingenio, es decir, un imbécil? ¡Como si la claridad no valiera lo vago, a propósito de puntos![95].

La primera, por ser una revisión de su propia máxima «No se puede juzgar la belleza de la vida más que por la de la muerte»[96] —que ya rectificaba otra de Vauvenargues—; revisión donde los opuestos se neutralizan y cuya posición en el texto es muy significativa, pues es el último párrafo

---

[92] En *Poesías I* contabilizamos ochenta y seis veces la conjunción copulativa «et», casi veintidós veces más que en el segundo opúsculo, donde la utiliza... ¡cuatro veces!
[93] Teramoto (1996: 296).
[94] *II,* 158.
[95] *II,* 159.
[96] *II,* 139.

reescrito de *Poesías II,* como si ir más lejos fuese imposible sin entrar en un interminable juego de espejos que, por ridículo[97], no llevaría a ningún lado. No obstante, diríase que la segunda sentencia refuta esta hipótesis a través del uso de la imagen de los tres puntos suspensivos, que toma el relevo y contradice la interpretación previa, indicando al lector que hay quizá un camino a seguir, aunque, como es habitual, sin indicarlo. O acaso sí lo señala, porque la elección del epíteto «terminadores» pudiera deberse a su significado astronómico, es decir: línea que separa una zona iluminada de una zona oscura. A saber, los puntos terminadores darían paso a la zona oscura que bien podrían ser *Los Cantos de Maldoror,* obra de la cual *Poesías* sería, ¿por qué no?, el prefacio que mienta en su carta a Darasse del 12 de marzo de 1870. De ser así, Ducasse fustigaría primero el Romanticismo para dar paso luego a la lectura de una prosa poética que actúa como demostración del fracaso de una escuela literaria que dice ser «radicalmente falsa»[98].

El examen de las transformaciones operadas por Ducasse nos ilustra a la par sobre la importancia que para él tiene la eliminación de todas las palabras consideradas superfluas, con la intención de exponer lo fundamental del pensamiento y de revertir el enunciado en uno más claro y más enérgico. Así como el Lautréamont de *Los Cantos de Maldoror* es un amplificador de los clichés literarios, el Ducasse de *Poesías* es un reductor de la fraseología clásica. Reescribiendo aforismos, los reduce a sus articulaciones esenciales en busca de una alteración del sentido del texto original provocado por su reformulación; alteración que puede ir de un simple retoque a vaciarlo totalmente de sentido. Un buen ejemplo de los diferentes estadios por los que puede

---

[97] Recuérdese *II,* 19.
[98] Véase, en el apartado apendicular, la carta a Darasse del 12 de marzo de 1870.

pasar este proceso de transmutación lo encontramos en la reelaboración de una sentencia de Vauvenargues[99] de la que surge *II*, 152. Ducasse libera el hipotexto del moralista de toda superfluidad. En vez de detenerse en las interrogaciones, toma el camino más directo de la afirmación. Condensa varias palabras en una sola, suprime las cláusulas subordinadas relativas de función calificadora, transforma dos largas frases en una; a la vez que comete una ostensible subversión, derivada de su técnica de limpieza, al colocar «détruit» en lugar de «embrasse en quelque sorte d'un coup d'œil». Lo que, en términos cuantitativos, supone pasar de las 133 palabras de Vauvenargues a 63: menos de la mitad.

Sentado lo anterior, surgen algunos interrogantes. ¿Por qué esta abrumadora presencia de Pascal y Vauvenargues[100], que relega a un segundo plano a otros moralistas de igual o mayor renombre, como La Rochefoucauld (a quien Ducasse hurta no más de cuatro máximas) o La Bruyère (una sola)? ¿Qué significa esta miscelánea para una obra cuya pretensión es inventar un nuevo género denominado «poesía» por su autor?

En lo que atañe a Pascal, conviene recordar que su obra era objeto de estudio imperativo en las clases de retórica en la época en que Ducasse era estudiante de secundaria[101]. Por otro lado, estaba considerado como un moralista escéptico frente a toda corriente filosófica, un escepticismo que Ducasse se propone reemplazar ni más ni menos que por la fe, tal y como se encarga de epigrafiar al principio de *Poesías*. Aun así, imita los textos pascalianos. Y no solo eso, sino que lo equipara a su admirado Byron[102]. ¿A qué se

---

[99] Vauvenargues (reflexión 202). Léase en el Apéndice III.
[100] Pascal y Vauvenargues nutren un tercio exacto de los aforismos que conforman los dos opúsculos.
[101] Teramoto (1996: 290-292).
[102] «¿Por qué inclinar la cabeza de un colegial sobre cuestiones que, al no haber sido comprendidas, hicieron perder la suya a hombres tales como Pascal y Byron?» *(I, 49)*.

debe esta aparente contradicción? Situémonos, en primer lugar, en el contexto filosófico de la época, que trataremos con mayor profundidad, pero del que ofrecemos un adelanto de la mano del pensador Victor Cousin, cuya influencia en la formación de las escuelas e institutos franceses del Segundo Imperio fue notable. Fundador del eclecticismo espiritualista e importante exégeta de la obra pascaliana, seguramente Ducasse conociese su doctrina en las clases del liceo de Pau o por leerlo en su biblioteca, y se quedara con la interpretación escéptica, romántica y trágica que hizo de Pascal[103]. Por añadidura, Cousin fue ministro de Educación, pretexto por el cual algún motivo albergó para mantener a Pascal en los programas de secundaria. Sin duda tuvo que ser su estilo, elogiado incluso por sus principales adversarios y considerado como uno de los más brillantes, si no el que más, de la historia de la literatura francesa. Esa es la razón de que sus *Pensamientos,* entre otras obras, fuesen analizados en la asignatura de Retórica de la secundaria, porque, en el marco de la enseñanza de la literatura de ese momento, los grandes textos (no solo los franceses) eran objeto de estudio y también modelos a imitar[104]. Esto ha llevado a algún investigador a pensar que, si *Poesías* es una obra que se caracteriza por prácticas seudoescolares —en el sentido de que las enmiendas de Ducasse se asemejan a las que un profesor hace al margen de la hoja para mejorar el texto enmendado— es también porque, sorprendentemente, la manipulación del texto ajeno genera en el lector avezado la impresión de leer palabra por pala-

---

[103] Véase Jean Lefranc, «Victor Cousin, interprète et éditeur des *Pensées* de Pascal», en Denise Leduc-Fayette (ed.), *Pascal au miroir du XIXe siècle,* París, Mame Éditions Universitaires, col. «Philosophie Européenne», 1993, págs. 27-38.

[104] Fue así como la producción pascaliana —y, por ende, su elocuencia— se imitó y asimiló por las futuras élites de la sociedad burguesa (Gérard Genette, *Figures II,* París, Seuil, 1969, pág. 27).

bra los enunciados no solo de Pascal, sino también los de Vauvenargues[105]. Esto saca a relucir una cuestión poco debatida, pero que tiene su interés: ¿cuál es la naturaleza de la actuación de Ducasse sobre los pensamientos y máximas? A raíz de lo expuesto, nuestro parecer es que estamos más cerca de la idea de adaptación —la modificación de una obra preexistente para que pueda difundirse entre un público distinto— que de otro tipo de intervención. No es este el espacio donde discutir este tema, pero la idea de adaptar los hipotextos se ajusta mejor a lo que estipula el propio autor en *II, 60*: su desarrollo y no su corrección.

En segundo lugar, hay que hacer hincapié en el registro irónico que hiende *Poesías*. No se puede sustituir la duda, como pretende su autor, y, simultáneamente, querer generar un efecto de extrañamiento en el lector, que es, como hemos visto, uno de los objetivos de Ducasse (compartido con *Los Cantos de Maldoror)*. Son sensaciones opuestas. Y también hemos visto que, con «duda», lo que hace Ducasse es reunir bajo un único vocablo los tópicos propios del Romanticismo. Ahora, ello no obsta para que el material pascaliano, por su pirronismo, facilite, al metamorfosearse en enunciado ducassiano, el extrañamiento en quien lo lee. Dicho en otras palabras, ese eclecticismo le viene como anillo al dedo para fomentar el sinsentido de algunos de sus enunciados, de manera que en *Poesías* se pasa del escepticismo de Pascal al irracionalismo que acertadamente detectaron y ensalzaron los surrealistas, y sobre el cual erigieron parte de su credo. Así lo anuncia el propio autor cuando en esa declaración de principios que constituye el epígrafe inaugural de *Poesías,* después de proclamar que reemplaza «la duda por la certitud», hace lo mismo con el «escepticismo», al que dice reemplazar «por la fe». O sea, sustituye la duda de la verdad o la eficacia de

---

[105] Teramoto (1996: 292).

algo (el escepticismo) por un concepto ontológicamente excluyente de la verdad objetiva y mucho más cercano a la irracionalidad (la fe). Ergo, este segundo sintagma invalida el anterior, que se convierte en una muestra de enunciado irónico —y *sin sentido*—, como otros muchos que hallamos en la obra que nos ocupa. Así las cosas, «puede decirse que *Poésies I, II* prolonga los dilemas interpretativos provocados por *Los Cantos de Maldoror;* en ambos casos, la enunciación irónica y el juego de voces de la parodia o del pastiche suspenden las certezas unívocas»[106].

Progresando en esta línea, podemos afirmar que Ducasse no sustituye, como dice, el mal por el bien ni la desesperanza por la esperanza —ni, está claro, la duda por la certitud—, sino que procede igual que cuando modifica los enunciados de los moralistas: no oponiendo una verdad (la suya) a una falsedad (la de los moralistas), sino separando el texto aforístico de toda verdad para sumirlo en la paradoja de la metamorfosis. Esto es, lo lleva a su terreno, que sigue siendo el de *Maldoror,* pero convertido ahora en panfletario bajo una nueva forma y con nuevas armas, prosiguiendo su revuelta, para cuyo argumentario recurre sobre todo a Vauvenargues y a Pascal.

Movamos ahora el foco para averiguar las razones del interés por Vauvenargues. Lo primero que hay que remarcar es la homogeneidad y comunidad intelectual entre los moralistas elegidos: los *Pensamientos* de Pascal fueron para Luc de Clapiers, marqués de Vauvenargues, el estimulante más potente y fecundo para sus ideas[107]. Steinman va incluso más allá cuando considera que toda la producción del marqués se inscribe como continuación de la de Pascal[108].

---

[106] Bolón (2024: 26).
[107] Véase Maurice Paléologue, *Vauvenargues,* París, Hachette, 1890, pág. 117.
[108] Jean Steinman, «Trois grands critiques de Pascal», en *Écrits sur Pascal,* París, Éditions du Luxembourg, 1959, pág. 157.

La realidad es que en su obra *Les Orateurs* Vauvenargues admira su genio, así como su «profondeur incroyable [...], son raisonnement invincible, sa mémoire surnaturelle, sa connaissance universelle et prématurée» [«profundidad increíble (...), su razonamiento invencible, su memoria sobrenatural, su conocimiento universal y prematuro»][109]. Tenido por Voltaire como «un génie peut-être aussi rare que Pascal même» [«un genio quizá tan raro como el mismo Pascal»][110], en el siglo XIX su prestigio era mucho mayor que en la actualidad. Valga como ejemplo la siguiente laudatoria entrada del diccionario *Larousse* de finales de ese siglo, cuyos encomios no suelen encontrarse en los de hoy en día:

> Les écrits de Vauvenargues n'ont jamais trouvé que des admirateurs. Les hommes de lettres du XVIII⁰ siècle, ces maîtres en matière de critique, les ont honorés de leurs applaudissements; les esprits les plus distingués de notre époque ont confirmé leurs suffrages. Plus d'un siècle s'est écoulé, et la réputation littéraire de Vauvenargues a conservé tout son éclat; on peut même dire avec Sainte-Beuve que son nom a grandi peu à peu, que sa noble et aimable figure s'est de mieux en mieux dessinée[111].

---

[109] Vauvenargues, «Les Orateurs», en *Œuvres,* París, Furne, 1857, pág. 269. Sobre los vínculos entre ambos pensadores, véase Henri Mydlarski, «Vauvenargues, lecteur de Pascal», *Revue des sciences humaines,* núm. 146, 1972, págs. 209-222. La traducción es nuestra.

[110] Voltaire, «Note aux *Réflexions sur divers sujets*», citado por Paléologue, *op. cit.,* pág. 118.

[111] «Los escritos de Vauvenargues no han encontrado sino más que admiradores. Los hombres de letras del siglo XVIII, esos maestros en materia de crítica, los honraron con sus aplausos; los espíritus más distinguidos de nuestra época han confirmado sus juicios. Ha transcurrido más de un siglo, y la reputación literaria de Vauvenargues ha conservado todo su brillo; incluso puede decirse con Sainte-Beuve que su nombre ha crecido poco a poco, que su noble y amable figura se ha ido perfilando cada vez mejor», Pierre Larousse, *Grand Dictionnaire Universel du XIX⁰ Siècle,* París, Larousse, 1866-1879, t. 15, entrada «Vauvenargues», págs. 817-818. La traducción es nuestra.

Es difícil, luego, imaginar a Ducasse prescindiendo de aquel que es considerado prácticamente un Pascal «mejorado»[112]. Y es posiblemente esta la causa de que las reformulaciones de Vauvenargues nos den una impresión menos irónica que las de Pascal[113]. Como adujo Dagen[114], el plagio de Vauvenargues responde a una exigencia del mismo sentido, pero que, aplicada a un texto que podría parecer por sí mismo negar esencialmente la filosofía de Pascal —en lugar de determinar una modificación del pro al contra—, conduce a prolongar y amplificar la tesis del moralista. Esto repercute en el uso de la negación como recurso retórico de las intervenciones de Ducasse. Una muestra la encontramos en el proceso negatorio que no afecta a la lógica del enunciado plagiado, sino que, al contrario, la conserva y sigue fielmente el mismo sentido[115]. Este dispositivo aparece seis veces en relación con las máximas de Vauvenargues[116] y una sola vez en lo concerniente a las de Pascal[117].

¿Cuál es el sentido de este doble rasero en el uso de la negación? El dictamen de Teramoto es que Ducasse va más allá del doble esquema de oposición, refutando ambos po-

---

[112] Teramoto (1996: 294).

Por otra parte, incluyendo a un moralista del siglo XVIII, legitima el Siglo de las Luces frente al XIX, época en la que se desarrolla el Romanticismo.

[113] Por ejemplo, Ducasse llega a citarle directamente *(II, 63)* para ponerse a continuación a su altura *(II, 64)* y justificar finalmente este proceder *(II, 65)*.

[114] Dagen (1995: 94).

[115] Proceso que se articula a través de lo que en semiología se conoce como doble negación o negación simétrica.

[116] *II,* 6, 129, 134, 136, 144 y 149 (Teramoto, 1996: 294). Destaquemos el ejemplo de *II,* 134: «On estime les grands desseins, lorsqu'on se sent capable des grands succès», que rectifica a Vauvenargues: «On méprise les grands desseins, lorsqu'on ne se sent pas capable des grands succès».

[117] *II,* 115 *(íd.).*

los, juzgados a las antípodas uno de otro en el siglo XIX. Así, la principal fuerza motriz de *Poesías* es la secuencia de afirmaciones y refutaciones[118]. Esto tiene un paralelismo en el plano del ensayo literario con el que uno puede acercarse al texto. La condena del Romanticismo asfixiante y decadente, según él, pasa ante todo por la adopción de la retórica de la negación que reprueba en el propio Romanticismo. Es decir, de modo discordante, al mismo tiempo que llama a reaccionar contra el espíritu de negación, carga algunos términos de connotaciones peyorativas manifiestas[119]. Ducasse manipula los recursos lingüísticos de la negación para vaciar el lenguaje y el pensamiento de toda negación[120]. Y lo hace con una saturación de lo negativo, por medio de prácticas negatorias que mide cuidadosamente: la antinomia, el quiasmo, la permutación, la aguda modificación de la puntuación, la doble o triple negación que deviene una anulación de la negación —y, por ende, un fortalecimiento de la afirmación— e incluso la falsa negación, que no niega en nada lo que se dice.

Así y todo, el análisis del proceso no debe centrarse únicamente en esas prácticas, sino que debe abarcar el alcance de la negación, lo que Ducasse niega en la frase, que no siempre es el conjunto de la proposición[121]. A fin de cuentas, reformula y reescribe el texto romántico a partir de su

---

[118] Teramoto (1996: 295).

[119] De igual forma que cuando llama a sustituir el escepticismo, carga sus oraciones de elementos irracionales que conducen al lector al escepticismo que teóricamente combate.

[120] Esta táctica no es contradictoria con el desarrollo de la máxima clamado por Ducasse en *II, 60*. Tal desarrollo no tiene que ver con la mayor extensión o profundidad de la reflexión. Simplificarla o reducirla a una broma es también una manera, en este caso irónica, de progresar y una forma de desarrollarla.

[121] Saliou (2021b: 214-215). Este autor también advierte del sutil juego del reemplazo de los cuantificadores: «beaucoup» es sustituido por «peu» o «pas un».

propia sustancia, tal y como hace con las máximas de los moralistas. Desde este prisma, *Poesías* se alinea de nuevo con *Los Cantos de Maldoror,* porque en ambas creaciones su autor practica la misma operación: congestionar un texto de negatividad, para anular su alcance, y volver a traer el bien[122]. Pero el procedimiento ha cambiado significativamente. Mientras que el conde de Lautréamont se esforzó en desarrollar una técnica compositiva basada en una codificación parsimoniosa del texto, con constantes digresiones y comentarios extradiegéticos, en una intertextualidad la mayoría de las veces interna y subversiva, Isidore Ducasse adopta una estrategia más directa que queda, sin embargo, profundamente marcada a través de un juego de convenciones de escritura. Los líderes del Romanticismo son insultados, ridiculizados y, al final, sus obras quedan reducidas a esbozos que el joven escritor arrastra a un torbellino semántico[123]. Y, en consecuencia, la aproximación narrativa al mal tramado en *Maldoror* se mantiene en *Poesías:* disolver la idea de bien de la misma manera que lo hizo con la de mal en su obra anterior, abandonando al lector a su suerte a la hora de interpretar lo que es bueno y lo que es malo[124]. Un efecto diluyente donde el papel del registro irónico es notorio.

Llegados a este punto, es necesario poner de relieve que no fue hasta 1972, año de la defensa de la tesis doctoral de Michel Pierssens, y después de décadas en que la gran mayoría de los estudios sobre los vínculos entre *Poesías* y *Los Cantos de Maldoror* se hacían desde la óptica de la contra-

---

[122] Saliou y Lerouge, 2020. En todo caso, la negación según Ducasse es siempre un acto de rebeldía, ya que se opone a un enunciado anterior, el que él corrige, o bien a un presupuesto comúnmente aceptado por el lector, lo que hace que el discurso negador ducassiano se convierta a menudo en la afirmación de una poética por la negativa.

[123] Rousse (2008: 207).

[124] *II*, 43, es paradigmático de ello.

dicción, cuando la perspectiva cambió y aparecieron nuevos planteamientos que seguían la estela de ese estudioso, para quien *Poesías*

> [...] n'annoncent donc pas la substitution d'une idéologie réactionnaire à une pratique révolutionnaire, car, «réactionnaire», Ducasse l'a toujours été. Seul le rôle très particulier qu'il avait réservé à la «méthode» dans son entreprise, rôle insuffisamment compris et mal interprété, a pu pendant si longtemps entretenir l'illusion, malgré le caractère «rationnel» de cette méthode et l'«ampleur» de la conception d'ensemble qu'elle devait servir[125].

Uno de ellos es el de Sylvain-Christian David, quien, a principios de la década de 1990, formuló la más que plausible teoría según la cual, siguiendo las *pautas* del epígrafe de *Poesías I,* hay que reemplazar la palabra «amigo» por su antónimo[126]. Es decir, *Poesías* es una publicación igual de incendiaria que *Maldoror,* dirigida con mala fe a algunos amigos ingratos[127]. Mas esto no nos debe llevar a la conclusión de que Ducasse únicamente sustituye el método[128], sino que lo trasciende. Si en *Los Cantos* llevó el Romanticismo hasta sus extremos para extraer de él su absurdidad

---

[125] «[...] no anuncian, por lo tanto, la sustitución de una ideología reaccionaria por una práctica revolucionaria, pues, «reaccionario», Ducasse lo ha sido siempre. Únicamente el papel muy particular que había reservado al «método» en su empresa —papel insuficientemente comprendido y malinterpretado— pudo durante tanto tiempo mantener la ilusión, a pesar del carácter «racional» de ese método y de la «amplitud» de la concepción de conjunto a la que debía servir», Pierssens (1984: 24). La traducción es nuestra.

[126] David, 1991.

[127] Saliou y Lerouge, 2020. Posteriores investigaciones (publicadas todas ellas en diferentes números de *Cahiers Lautréamont)* han permitido conocer mejor a estos dedicatarios, así como bosquejar las hipótesis que explicarían el resentimiento de Ducasse para con ellos.

[128] Estadio en que se queda Pierssens (1987: 59).

ideológica, en *Poesías* se rebela de manera más franca, expresando claramente su rechazo a esta corriente; rechazo que espera fértil y emancipador. De la misma manera que en *Maldoror* denigra a Dios, en *Poesías* hace lo propio con los escritores románticos. Y, en algún momento, como en *I, 13*, donde enumera extensamente todo aquello «que nos choca y nos dobliega tan soberanamente», el tono y el registro que Ducasse utiliza son idénticos a los empleados por Lautréamont. En ese párrafo, al darnos la maldororiana e interminable lista de vocablos que se adueña de casi todo él, sumerge al lector en una jungla de términos, conceptos y expresiones cuya acumulación le genera aversión[129]. Aun así, algunos de estos recursos terminológicos están marcados por el humor: a las palabras bruscas y chocantes, negativamente connotadas, responden otros sintagmas todavía más sorprendentes u obscenos. En dicho inventario aparece una condena de la novela, reconocida, no obstante, por Lautréamont en el último canto de *Maldoror* como un género literario noble. Asimismo, invoca «las inquietudes extrañas, que el lector preferiría no experimentar» cuando cimenta prácticamente toda la poética de *Los Cantos* con el asco y el pavor. Por último, convoca de nuevo a su bestiario: ranas, pulpos, tiburones; e incluso a un hermafrodita, evocación directa del segundo canto. ¿Por qué, entonces, esta lista? ¿Se trata de una relación de aquello que chocó a los escasos lectores de su primera obra publicada? ¿O de una irónica respuesta a la tibia recepción que constató entre sus amistades y críticos a quienes envió un ejemplar? Una cosa está clara, parece como si Ducasse afirmase que sigue siendo Lautréamont. Y qué mejor modo de hacerlo que en el decimotercer párrafo, número que simboli-

---

[129] Es patente que esta decimotercera reflexión de *Poesías I* es, a nivel narrativo y lingüístico, el más claro conector entre ambas obras, dado que esa aversión que puede sentir el lector es la misma que sintió con *Los Cantos,* libro al cual remite sin atajos.

za lo contrario: el cambio y la transformación. Será probablemente en la ironía provocadora donde deberemos encontrar la respuesta, como cuando ordena al lector que queme «sobre una paleta, enrojecida al fuego, con un poco de azúcar de caña, el terrón de la duda, con labios de vermú, que [...] hace, dondequiera, el vacío universal»[130]. Que un trovador de la virtud resuelto a no cantar más el mal incite al lector a iniciarse en rituales psicotrópicos es un paradigma del registro irónico del que estamos hablando.

La sombra de *Los Cantos de Maldoror* es, pues, alargada y nutre la estrategia retórica —y pragmática— de *Poesías*: verbigracia, contra los malos escritores hay que defender al colegial, y, en este sentido, la escuela está presente con sus discursos académicos y sus profesores más inteligentes que los grandes literatos. ¿No será Maldoror quien mira a esos niños, «jóvenes poetas cuyo labio está humedecido con leche materna»[131]? ¿No es Maldoror quien habla en lugar de Ducasse? ¿No es él quien dicta la orden con la que cerrábamos el párrafo anterior[132]? ¿No es él quien elabora la lista de los Grandes-Cabezas-de-Chorlito despreciativamente calificados? Recapitulando, y desde este enfoque del proceso de agresión al lector, no hay ruptura entre ambos textos: *Maldoror* sigue presente en *Poesías*[133]. Acordémonos de que, ya al inicio de aquel, Lautréamont nos interpela: «Lector, tal vez desees que invoque el odio al comienzo de esta obra»[134]. Y al final de ese mismo canto inicial, cuando se declara su amigo, se trata de una amistad bastante dudosa:

---

[130] *I*, 29.
[131] *I*, 49.
[132] *I*, 29.
[133] Perrone-Moisès, 2000.
[134] Lautréamont, *Los Cantos de Maldoror*, Cátedra, 2005, pág. 84, 2.ª ed. (traducción de Manuel Serrat Crespo). Todas las citas a esta obra proceden de dicha edición.

Adiós, anciano, y piensa en mí si me has leído. Tú, joven, no desesperes, pues, pese a tu opinión contraria, tienes en el vampiro un amigo. Contando el ácaro sarcopte, que produce la sarna, tendrás ya dos amigos[135].

No hace falta anunciar, a tenor de lo razonado, que *Los Cantos de Maldoror* y *Poesías* están unidos por una bisagra hecha, entre otros, de los materiales que hemos ido exponiendo, de tal forma que la poesía se lee en *Maldoror,* y *Maldoror* se refleja en *Poesías*[136]. Son tantos los ejemplos de la retroalimentación literaria entre estas dos obras que su exposición sobrepasaría con creces el espacio destinado a este estudio introductorio y no aportaría nada nuevo a lo, a estas alturas, ya refrendado: que *Poesías* no contradicen *Los Cantos de Maldoror* ni son, consiguientemente, una palinodia donde Ducasse revoca lo escrito por Lautréamont. Son dos composiciones complementarias que comparten el sistema diluyente de aquello de lo que tratan, el bien y el mal, respectivamente, dejando desamparado a quien las lee cuando se trata de descifrar ambos conceptos[137]. Por eso el optimismo de *Poesías* es de naturaleza spinoziana, o sea, un ideal de emancipación. La heterogeneidad de ambos textos no proviene de una antítesis moral (por un lado, un libro maléfico, y, por otro, un elogio del bien), sino del acto de resurrección de la poesía, que había sido expedida en el último canto, cuyo íncipit reza:

> No creáis, vos, cuya envidiable tranquilidad no puede sino embellecer, más aún, vuestra facies, que se trata todavía de lanzar, en estrofas de catorce o quince líneas, como haría un alumno de cuarto curso, exclamaciones que parezcan inoportunos y sonoros cloqueos de gallina cochin-

---

[135] *Ibíd.,* pág. 123.
[136] Lambert (2020: 45).
[137] En *Poesías II* este proceso descifrador se corresponde con el que debe hacer el lector en relación con los hipotextos reescritos por Ducasse.

china, tan grotescos como sería dable imaginar, por poco que uno se lo propusiera; pero es preferible probar con hechos las proposiciones que se adelantan[138].

En este postrero canto el por entonces conde de Lautréamont ya intentaba un desplazamiento genérico marcado por la renuncia al registro romántico del canto (al estilo Byron)[139] para sustituirlo por una «fórmula definitiva [...] la novela»[140]. Un empeño fracasado y que llevó a su autor a metamorfosear su autocrítica por la antífrasis de *Maldoror* en una crítica literal y más radical hacia prácticamente toda la literatura, en beneficio de la filosofía tal y como él y sus contemporáneos la entienden: como discurso dedicado a lo verdadero, a lo bello y al bien. En este cometido, Ducasse pasa de la estrofa desmesurada y paródica a la creación teórica de una nueva lírica, por lo cual, cuando *Los Cantos de Maldoror* anteceden a *Poesías,* el poder aturdidor del primero lacera la demostración filosófica del segundo. Mientras que lo opuesto, *Poesías* precediendo a *Maldoror* —y al margen de lo indicado anteriormente con relación a los «puntos terminadores» con cuya referencia cierra *Poesías II*—, nos prepara para una lectura orientada de los seis cantos por el autor en persona[141]. Esta posibilidad de alterar las lecturas

---

[138] Lautréamont, *op. cit.,* pág. 289. Ahora bien, no olvidemos lo que anuncia en este mismo canto, al principio de la segunda estrofa: «Antes de entrar en materia, me parece estúpido que sea necesario (pienso que nadie compartirá mi opinión, si me equivoco) colocar junto a mí un tintero abierto y unas hojas de papel no humedecido. De este modo me será posible comenzar, con amor, en este sexto canto, la serie de poemas instructivos que me urge producir» (*ibíd.:* 291). Estos «poemas instructivos» son una alusión a *Poesías.*

[139] Pierssens (2016: 134).

[140] Lautréamont, *op. cit.,* pág. 291.

[141] Y a todo esto cabría añadir el poco tiempo que separa la publicación de *Los Cantos de Maldoror* (otoño de 1869) y *Poesías I* (depósito legal: 9 de abril de 1870), así como que en la dedicatoria del primer opúsculo Ducasse escribe que su libro sale a la luz solo «tipográficamente ha-

es, a ciencia cierta, la mejor prueba de la complementarie-
dad de ambas obras.

La huella filosófica

La filológica no es la única parcela intelectual en la que
se ubica *Poesías.* Es obligatorio, para bucear más profunda-
mente en la verdad que esconde tan insondable composi-
ción, evocar el contexto filosófico en el que se movió Du-
casse y analizar cómo este pudo influir en su redacción[142].
Y ello no solo porque el primer opúsculo es una suerte de
tratado de filosofía de la poesía, sino porque el segundo
contiene reflexiones muy claras respecto del interés de su
autor por las escuelas filosóficas o sus representantes[143]
y muchas más donde, confrontando filosofía y poesía[144],
destapa su vocación (Ducasse se autoproclamó filósofo
«incompréhensibiliste»)[145].

El joven Isidore —estudiante de secundaria durante el
Segundo Imperio que cursó clases de filosofía justo antes
de obtener el bachillerato— estuvo muy interesado en el
libro de Ernest Naville *Le problème du mal*[146], otra de las
numerosas fuentes ocultas de *Poesías,* de la que poseía un
ejemplar con algunas anotaciones al margen de su puño y
letra a las que nos iremos refiriendo. Más allá de Naville,

---

blando», con lo que parece situar su escritura con anterioridad (Saliou y
Lerouge, 2020).

[142] En este apartado seguimos en buena medida a Saliou (2022).

[143] Véase *II,* 36.

[144] Véanse, además del indicado en la nota precedente, los párrafos *I,*
46, *II,* 71, 77, 85, 98, 100 y 118. En todos ellos, Ducasse enfrenta la fi-
losofía o los filósofos con la poesía o los poetas.

[145] Así lo anotó al lado de su nombre en un ejemplar del libro de
Dugald Stewart *Esquisses de philosophie morale,* que Jean-Pierre Lasalle
descubrió en la biblioteca del liceo de Tarbes.

[146] Ernest Naville, *Le problème du mal,* Ginebra, Cherbuliez, 1868.

recibió la influencia, como otros tantos miembros de su generación, de la filosofía idealista y neokantiana, la del escocés Dugald Stewart[147], la de Amédée Jacques[148], a quien pudo conocer en Montevideo, y muy especialmente —lo hemos apuntado— la de Victor Cousin, el jefe de filas de la corriente ecléctica que, aunque en ese momento estaba perdiendo impulso, seguía primando en los programas docentes. Como recuerda Saliou, en tanto que discípulo de Cousin, más que seguir la dialéctica hegeliana tan querida por los surrealistas, Ducasse optó por conciliar las oposiciones y resolverlas por un camino intermedio donde resida la sabiduría[149].

En su carta del 27 de octubre de 1869 a Poulet-Malassis, podemos leer:

> Ernest Naville (correspondiente del Instituto de Francia) dictó, el año pasado, citando a los filósofos y a los poetas malditos, conferencias sobre *Le problème du mal,* en Ginebra y Lausana, que han debido dejar su traza en los espíritus por una corriente insensible que cada vez se ensancha más. Las ha reunido luego en un solo volumen. Le enviaré un ejemplar. En las ediciones siguientes, él podrá hablar de mí, pues retomo con más vigor que mis predecesores esa tesis extraña [...].

Esta «corriente insensible» a la que Ducasse asimila a Naville se alinea con el clima racional y hostil a todo lirismo de *Poesías.* Filósofo y teólogo protestante que había invertido parte de su carrera en demostrar la existencia de Dios, Ernest Naville tentaba dar respuesta a la existencia

---

[147] Dugald Stewart (1753-1828) fue un filósofo y matemático escocés considerado una de las figuras más importantes de la Ilustración.

[148] Amadeo Florentino Jacques (1813-1865) fue un filósofo y psicopedagogo francés, catedrático de la Sorbona de París. Sobre su relación con Ducasse, véase Pierssens, 2006, págs. 41-54.

[149] Saliou (2022: 223).

del mal en la tierra, sin incriminar al Creador, sino ateniéndose al libre arbitrio del ser humano, pues cada uno es libre de hacer el bien o el mal, con lo que la noción de deber moral devenía capital. La impronta no se limitó a las ideas, sino que podemos detectar trazas de Naville en el tono de *Poesías*. Así, formulaciones categóricas de *Le problème du mal* tales como «Le Bien est ce qui est, le mal ce qui ne doit pas être» [«El Bien es lo que es, el mal lo que no debe ser»], «La tristesse ne doit pas être» o «Le désordre est condamné», bien pudieron inspirar el particular estilo declamatorio de Ducasse, incluidas sus numerosas interpelaciones al lector.

De lo acabado de exponer surge la pregunta de si podemos considerarle discípulo de Naville, y *Poesías* una muestra literaria de sus postulados. Para ello hay que detenerse en el contenido de algunos de los siete discursos que conforman *Le problème du mal*. En el primero, titulado «Le Bien», el pensador mantiene que el bien existe, ya que, cuando estamos sumidos en la oscuridad, nuestra conciencia percibe la luz del bien que nos muestra el camino a seguir. Reivindicando el pensamiento kantiano, Naville enfatiza que todo el mundo reconoce la necesidad del bien, pero todos queremos que los demás actúen de acuerdo con él, eximiéndonos de un comportamiento irreprochable: en su cobardía, el hombre se inventa circunstancias excepcionales y excusas para eludir la moral e infringir sus deberes[150].

En el segundo discurso, Naville se interesa por «Le Mal» (así se titula), que para él no es la ausencia del bien, sino lo contrario. No existe en sí mismo, existe a través de los actos

---

[150] Una de sus fórmulas es esta: «Tous les sophismes dont nous nous servons alors sont autant d'hommages que le vice rend à la vertu» [«Todos los sofismas de los que nos servimos entonces son homenajes que el vicio rinde a la virtud»], cuyo giro inaugura *Poesías I*: «Les gémissements poétiques de ce siècle ne sont que des sophismes» *(I, 1)*.

humanos (presupuesto, dicho sea de paso, muy pascaliano). En la naturaleza, el mal se expresa a través del desorden, porque el mundo se rige por la armonía del orden. No es que la naturaleza actúe mal, es que su orden en ocasiones frustra nuestros planes y nuestros intereses. Entonces, en un orden pensado como la voluntad perfecta del Todopoderoso, ¿cómo se explica el desorden, es decir, la presencia de lo que no debe ser en ese orden? La respuesta la encontramos en el tercer discurso, titulado «Le problème», donde el autor intenta explicar la razón de ser de la tentación del mal a la que el ser humano alguna vez sucumbe. La respuesta estriba en que el origen del mal es la libertad: el orden es la ley del universo, pero, como Dios nos ha hecho libres en conciencia y en actos, siempre puede surgir el desorden. En otras palabras, haciendo libre al hombre, Dios permitió la transgresión y la revuelta contra la ley.

Llegado el filósofo a este punto, le toca resolver el problema del mal para que no se pueda acusar a Dios de ser su fuente. De eso trata su cuarta conferencia, donde formula la siguiente cuestión: dado que la libertad es la facultad de elegir, que incorpora necesariamente la posibilidad del mal, ¿nos ha hecho Dios libres esperando que nos sometamos a su ley y renunciemos por ende a nuestras elecciones, o, ya que la permite, es la libertad, ausencia de toda ley, y por tanto posibilidad de revuelta contra Dios? La respuesta, concluye, está en nuestro corazón, que desea lo que quiere. Quien quiere el bien no siente la virtud como una sumisión o limitación: el rechazo del mal es consentido libremente. Como apunta Saliou, es aquí donde hay que traer a colación los dos ejemplos que Ducasse anotó en su ejemplar de la obra de Naville. Para este, es libre quien ya no duda y se ha liberado del mal mediante el hábito de la virtud. El hombre se siente esclavo de sus vicios conservando el testimonio de su libertad, sufre por su debilidad y su pecado. Está tentado a rebelarse contra la ley, pero no es culpa del Creador. Naville abraza aquí el pensamiento de

Pascal y, como él, subraya tanto la grandeza como la miseria del hombre. El filósofo también parafrasea a Lamartine, quien escribió: «Imparfait ou déchu, l'homme est le grand mystère» [«Imperfecto o caído, el hombre es el gran misterio»]. Esta máxima —que Ducasse pudo haber leído en esas páginas, puesto que la invierte en negativo[151]—, Naville también la reescribe: «Imparfait et déchu, l'homme vit sur la terre; / Mais c'est un Dieu tombé qui se souvient des cieux» [«Imperfecto y caído, el hombre vive sobre la tierra; / Pero es un Dios caído que recuerda los cielos»]. Tanto Naville como Ducasse buscan hacer desear a su lector el bien como remedio. Sin embargo, que este haya anotado a mano únicamente este discurso —si es que leyó la obra completa— parece indicar determinado escepticismo, o al menos algunas reservas. El franco-uruguayo está lejos de demostrar en *Poesías* la misma benevolencia y la misma flexibilidad ideológica que Naville: su exhortación a la virtud es mucho más conminatoria y menos pedagógica[152].

Nos faltan elementos suficientes como para establecer el grado de influencia de Naville sobre Ducasse. Es cierto que algunos pasajes de *Poesías* parecen hacerse eco directamente de sus proposiciones, como lo es que a través de la lectura del filósofo helvético comprendamos mejor cómo sus llamamientos a la razón pueden combinarse con los llamamientos a la fe: ya no se trata de la fría razón de la Ilustración, sino de una especie de sentido común que, en Naville, nos permite encontrar en el corazón del hombre una verdad cristiana. Finalmente, la condena de los excesos y

---

[151] «Non imparfait, non déchu, l'homme n'est plus le grand mystère» *(II, 27)*. Aplica el proceso negatorio que no afecta a la lógica del enunciado adaptado, sino que, a la inversa, la conserva y mantiene el mismo sentido: proceso que, como ha sido señalado, también pone en práctica seis veces con las máximas de Vauvenargues y una con las de Pascal.

[152] Saliou (2022: 233). Para muestra, véase la segunda anotación de Ducasse, que reproducimos en la nota XLIV.

los errores del Romanticismo también parece estar en consonancia con lo que afirma Naville: estos escritores son culpables de haberse deleitado en la contemplación morbosa de su mal del siglo, hasta el punto de haber olvidado componer una obra al servicio de la grandeza del hombre. En consecuencia, debe existir una sola clase de poesía, un río majestuoso y fértil que guiará a la humanidad hacia su elevación. Persiste, sin embargo, la siguiente disyuntiva: ya que las anotaciones de Ducasse sobre su ejemplar de *Le problème du mal* parecen más sarcásticas que otra cosa, ¿hasta qué punto sus llamamientos a la virtud son paródicos y polémicos? y ¿hasta qué punto se encuentra en desacuerdo con Naville? El tema daría para una monografía que con toda seguridad tampoco respondería categóricamente a tales interrogantes.

Estamos de acuerdo con Saliou cuando alega que Naville parece haber dejado su huella en el autor de *Poesías,* una huella de difícil cotejo. Quizá Ducasse se dejó convencer por los primeros postulados del libro del suizo, antes de criticar discursos posteriores. A decir verdad, podemos pensar que no siguió la opinión de Naville hasta el final de sus demostraciones. A partir de la cuarta conferencia, una vez hecha la demostración, el filósofo busca soluciones y exhorta al lector a la oración y a la acción virtuosa. Ducasse considera la plegaria como «un acto falso»[153]. Con todo, aun cuando se desvió en el camino y adoptó otras posiciones filosóficas, su pensamiento parece estar en deuda con el de Naville. En concreto, ambos afirman que una moral separada del Creador solo puede conducir al escepticismo, y la duda a la inmoralidad. Heredero de Pascal, y resueltamente «incomprensibilista», Ducasse considera los designios de Dios como inescrutables, pero indiscutibles: de esta forma, *Los Cantos de Maldoror* y *Poesías* pueden leerse como

---

[153] *II,* 39.

una reflexión y una demostración que se hace eco de la de Naville sobre el problema del mal.

En su calidad de aprendiz de filósofo, el Ducasse de *Poesías* abraza el espiritualismo que compartían pensadores cuya impronta también encontramos en su obra, como el ya citado Cousin, su discípulo Théodore Jouffroy[154] y Dugald Stewart, a quien Jouffroy tradujo al francés. Los pensamientos de estos filósofos nos remiten a un idealismo que resiste en un siglo a la búsqueda del racionalismo. Así, no está equivocado Pierssens cuando describe al autor de *Poesías* como atrapado aún en un espiritualismo caduco[155]. A pesar de que de vez en cuando cita a otros filósofos, como Descartes, Malebranche o Bacon, todos ellos son autores clásicos que integraron el sistema de pensamiento de Cousin y luego los planes de estudios escolares. Y su afinidad con Pascal no se ciñe a la reelaboración de sus reflexiones, sino que la forma fragmentaria de *Poesías,* su carácter incompleto, recuerda la estructura legajada, cercana a los futuros *collages* vanguardistas, de los *Pensamientos*[156]. Cuando se declaró, siendo estudiante de secundaria, «philosophe incompréhensibiliste»[157], no hacía más que repetir un lugar común de la teología jansenista: Dios nos es ocultado y sus designios siguen siendo incomprensibles para el hombre, criatura limitada en sus facultades. Asimismo, el argumento de la revuelta blasfema de *Los Cantos de Maldoror,* a menudo invocado para descartar la hipótesis de un Ducasse al servicio de Dios, no se sostiene si nos situamos en una pers-

---

[154] Simon Joseph Théodore Jouffroy (1796-1842) fue un filósofo y político francés que a principios del siglo XIX desarrolló la cuestión psicológica dentro de la escuela ecléctica francesa liderada por Victor Cousin.

[155] Pierssens (2006: 54).

[156] A fin de cuentas, estas *Poesías* pretenden ser un equivalente al libro póstumo de Pascal: una suerte de máximas dispersas presentadas sin estructura lógica alguna, como si de un proyecto de monografía no conclusa que combinase arte poético con aforismos se tratase.

[157] Véase la nota 145.

pectiva pascaliana: basta releer las tragedias de Racine para encontrar la misma representación de un Dios cruel. Su revuelta entronca mejor con el anarquismo de la época, pues con sus dos obras, Lautréamont/Ducasse arrastró al terreno literario la dinámica de ese nuevo movimiento: la permanente oscilación desde la violencia pura hasta la utopía reformadora[158].

---

[158] Raoul Vaneigem (1958: 249).

ESTA EDICIÓN

L A traducción de *Poesías* ha sido realizada directamente del francés a partir del texto de la edición príncipe existente, depositada en la Biblioteca Nacional de Francia[159]. Ello no ha obstado para que hayamos consultado las principales traducciones hispanas, cuyas ediciones el lector encontrará en la sección correspondiente del apartado bibliográfico. Dada la especial relevancia que el lenguaje tenía para su autor y los orígenes hispanoamericanos de este, hemos querido respetar al máximo la literalidad en la traducción. Hemos corregido algunos errores ortográficos que aparecen en el manuscrito original y que también se repiten en las ediciones francesas, aunque no hemos hecho lo mismo con aquellos otros que determinada crítica normativa atribuye directamente a Ducasse con intencionalidad irónica. A esta iniciativa de privilegiar la lengua se suma otra, acaso más fundamental todavía: el respeto al ritmo poético, pues consideramos, con Ripoll[160], que la lectura poemática de la obra de Lautréamont/Ducasse pasa no solo por prestar una esmerada atención a la letra, sino por una adaptación lo más fiel posible de la res-

---

[159] Disponible en: <https://gallica.bnf.fr/ark:/12148/bpt6k15102396> *(Poesías I)* y <https://gallica.bnf.fr/ark:/12148/bpt6k15102418> *(Poesías II)* [últ. consulta: 17/07/2025].

[160] Ripoll (2005: 25).

piración interna del texto, intentando restituir aliteracio-
nes, juegos de palabras y otros recursos retóricos y líricos,
junto con una observancia casi escrupulosa de la puntua-
ción. Ese respeto ha primado sobre el cumplimiento de las
normas ortotipográficas del español actual que se han guar-
dado únicamente en el caso de que la fidelidad al original
generase una infracción sintáctica a todas luces improce-
dente[161]. De ahí que, en lo tocante a las comas, es impres-
cindible enfatizar nuestro intento de mantener al máximo
la función prosódica de su aplicación, que es la predilecta
de Ducasse. Como acabamos de decir, salvo escasísimas ex-
cepciones que habitualmente aparentan ser más fruto de
errores de impresión que de la voluntad de su autor, no la
hemos corregido, incluso cuando la traducción quebranta
las reglas de su uso, para no desvirtuar la lógica ducassiana
de la puntuación, que es parte muy relevante de su arma-
mento provocador y una de las características de su prosa
poética[162]. Más aún, hay que hacer hincapié en el hecho de
que mayormente, en *Poesías II,* la puntuación tiene una
función sutilmente transformadora de la máxima original
con el fin de asignarle una expresión más lírica; por lo que,
si se mantiene su uso primitivo, se soslaya una intervención
del traductor que acabe dando lugar a una versión más fiel
al hipotexto del moralista corregido que al propio Ducasse.
Una coyuntura que sobreviene, con mayor o menor inten-

---

[161] Un buen ejemplo es *I,* 49, en cuya tercera frase, más allá de que sea
o no una errata, la puntuación es caótica y entorpece la lectura de un
párrafo bastante ortodoxo, hasta entonces, en lo que a su uso se refiere.
No tanto luego, pues en la frase siguiente encontramos una coma entre
el sujeto y el verbo, que también hemos eliminado en la traducción, por
muy enfática que sea su función. Esto demuestra como el método orto-
tipográfico de Ducasse es un obstáculo importante a la hora de traducir
Poesías.
[162] «Hace falta que la crítica ataque la forma, jamás el fondo de vues-
tras ideas, de vuestras frases. Arregláoslas» *(I,* 51). Para ello habrá que
darle munición al crítico para dicho ataque.

sidad, en todas las traducciones hispanas de *Poesías* llevadas a cabo hasta la fecha[163]. Por otra parte, también conviene mencionar que, respetando las normas ortotipográficas que se siguieron en el texto original en francés, hemos mantenido los espacios que anteceden a determinados signos de puntuación —como el punto y coma, los dos puntos, las comillas y los signos de exclamación e interrogación.

Cuestión debatida entre los especialistas es la de los hispanismos en la obra de Lautréamont, dado su hipotético bilingüismo (nunca demostrado) por haber crecido en un entorno donde se hablaba español. Es evidente que hay términos más propios del español que del francés, pero extrapolar de ahí que se trata de hispanismos es, a veces, una temeridad. Sea como fuere, es cierto que este tema tiene una solución bastante fácil a efectos de la traducción del texto, que es la de buscar la palabra más fiel isofónicamente a la original o con raíces etimológicas comunes, sin traicionar nunca su acepción, ni tampoco traducir al español rioplatense, que tal vez conocía y hablaba, pero que no es el de esta edición. Desde esta perspectiva, podríamos haber traducido «laboureur» por 'campesino' o 'agricultor', pero, independientemente de si Ducasse pensaba en ella o no cuando la introdujo en *Poesías,* parece más ajustada 'labrador'. Similarmente, hemos recurrido al término «felicidad» para traducir 'félicité', haciéndolo a «dicha» y sus variantes para 'bonheur' y las suyas. Está claro que hay excepciones a la regla, de manera que, pese a la isofonía existente, no tendría mucho sentido traducir «tapis» por 'tapiz', en vez de por 'alfombra', ahorrándonos traicionar el significado de la palabra traducida. Otro tanto ocurre con los pronombres reflexivos «lui-même», «elle-même», «eux-mêmes» y

---

[163] Es un error mucho más común cuando es un poeta quien traduce que cuando no lo es. Así, la traducción de Mauro Armiño y la de Alma Bolón y Beatriz Vegh (o la de Ricard Ripoll al catalán) son las más fieles a esos hipotextos. Al respecto, véase Xifra, 2025.

«elles-mêmes», que hemos traducido por 'sí mismo' (salvo cuando el sujeto es explícito), 'sí misma', 'sí mismos' y 'sí mismas', en lugar de hacerlo literalmente. De igual forma, en algún caso, ante la inexistencia de un determinado vocablo o para evitar caer en el uso de neologismos, hemos transgredido la construcción sintagmática del original, nunca su sentido.

Mención especial merece la traducción de los numerosos «ne... que» presentes en *Poesías* y que son una de sus primordiales marcas de fábrica, si no la principal. A excepción de la de Bolón y Vegh, todas las traducciones hasta ahora publicadas optan por formulaciones más llevaderas, como 'solo', 'sino' o 'basta', en lugar de la más plúmbea de 'no... más que'. Ahora bien, tal opción borra el rastro del recurso a la negación, uno de los rasgos bandera de la retórica de Ducasse. En aras a la fidelidad a ese recurso —y so pena de ser, en algún momento, prisioneros de las perífrasis ducassianas—, nos hemos decantado, en la medida de lo permisible, por traducir con esos pesados giros que recurren a la negación manifiesta.

Cualquier otra información específica relativa a la traducción que merece ser resaltada se encuentra en nota al pie. Por lo demás, no hemos traducido los nombres propios de literatos muy reconocidos, aunque lo hayan sido frecuentemente en español[164]. No sucede lo mismo con los títulos de obras o poemas publicados en nuestro idioma por editoriales de referencia; en estos supuestos hemos seguido su traducción. También nos hemos tomado alguna que otra licencia, como la de traducir «Grandes-Têtes-Molles» por 'Grandes-Cabezas-de-Chorlito' (y no por 'Grandes-Cabezas-Fofas' como han hecho casi todos los traductores anteriores a nosotros, y que es tanto o más válida que

---

[164] Por ejemplo, hemos mantenido «Alexandre» para referirnos a los Dumas, padre e hijo.

la nuestra), pues esta expresión española, además de ajustarse perfectamente a las pretensiones ofensivas de Ducasse, pivota alrededor del vocablo «cabeza», central de la expresión francesa.

La traducción de textos literarios franceses distintos de los reformulados por Ducasse y que básicamente ilustran el aparato crítico ha corrido a nuestro cargo.

Una de las novedades de esta edición, que atañe a la estructura del texto, es que los párrafos aforísticos de cada uno de los opúsculos van precedidos de su número ordinal entre corchetes, para con ello facilitar al lector su localización dentro del conjunto.

En lo referente a los textos originales de la correspondencia, hemos seguido la edición de las obras completas de Lautréamont a cargo de Hubert Juin para La Table Ronde (1970), donde aparecen los manuscritos de aquellas cartas que se conservan, y la de Jean-Luc Steinmetz para la colección Bibliothèque de la Pléiade de Gallimard (2009) en lo concerniente a aquella correspondencia de la que no tenemos originales. Para los textos cuya autoría es incierta, nos hemos basado en la reproducción de los mismos en el artículo de Curt Muller en el que los dio a conocer[165].

Acerca de las máximas reescritas de Vauvenargues y Pascal, hay que mencionar que la edición que manejó Ducasse para alterar las *Réflexions et maximes* del primero fue la publicada por Furne en 1857 con el título *Œuvres* y que indicamos con la abreviatura V en las notas al pie. En cuanto a Pascal, las reformulaciones afectan a sus *Pensamientos,* y todo parece indicar que Ducasse utilizó una de las dos ediciones de la Librairie Hiard (1832 o 1836)[166]. Aun así, ofrecemos el texto y la referencia de la cita de Pascal —que

---

[165] Muller, 1939.
[166] No hay unanimidad al respecto y algunos notables estudiosos, como Teramoto (2001: 186-187), lo ponen en duda, señalando las ediciones de Dubuisson et Marpon de 1865 o 1866.

indicamos con la abreviatura P, seguida del número de fragmento— de la edición de Michel Le Guern para la colección Bibliothèque de la Pléiade de Gallimard (2000), de más fácil consulta al estar también publicada en bolsillo en la colección Folio de la misma editorial[167]. De su lado, las abreviaturas LR y LB remiten a La Rochefoucauld y La Bruyère, respectivamente. Salvo en los casos en que no se reproduce el texto imitado, estas y otras referencias al proceso plagiario aparecen en nota al pie del texto francés, evitando así sobrecargar la traducción, que ya contiene las notas de índole filológica, contextual e histórica[168]. Esas constituyen, junto con el señalamiento de las erratas y la reproducción de fuentes adaptadas distintas de las de los moralistas indicados, la gran mayoría de las anotaciones al texto francés.

Los fragmentos reescritos de los moralistas franceses se recopilan como apéndice a la edición, en su versión original y por orden alfanumérico para cada autor. Los hemos ordenado siguiendo el número decreciente de afectaciones, esto es: Vauvenargues, Pascal, La Rochefoucauld y La Bruyère. También como apéndice encontrará el lector un glosario de los nombres propios, reales y ficticios, que pueblan *Poesías*. Están todos, desde los menos conocidos a los que más, de Biéchy a Jesucristo, evitando así tener que fijar nosotros la nebulosa línea que separa su conocimiento o no por parte del lector.

Para finalizar, queremos recomendar la lectura del texto siguiendo el orden no solo de los dos fascículos, empezan-

---

[167] Dicha edición ha sido publicada en España con el título *Pensamientos* por Punto de Vista Editores (2023), con traducción de Mauro Armiño.

[168] Son excepción a esta regla aquellos textos modificados de autores no franceses, como Dante o Shakespeare, que se citan traducidos en las notas al pie del texto en español, o el largo final del poema «Tristeza de Olimpio» que, por su extensión, se reproduce en el Apéndice III.

do por *Poesías I,* sino igualmente el de cada una de sus reflexiones, porque muchas de ellas están conectadas con otras que las preceden y las suceden. Leerlas aleatoriamente puede servir para unas, pero ni mucho menos para la mayoría, que pierden parte o todo su sentido —y su sinsentido— si no se conoce lo anteriormente postulado por su autor. Tal proceder no desvirtuará la dimensión pascaliana de fragmentación e incompletez que ostentan.

BIBLIOGRAFÍA

Ediciones (selección por orden cronológico)

Principales ediciones francesas

Ducasse, Isidore, *Poésies I,* París, Librairie Gabrie, Imprimerie Balitout, Questroy et Cie., 1870.
— *Poésies II,* París, Librairie Gabrie, Imprimerie Balitout, Questroy et Cie., 1870.
— «Poésies I», precedidas de una nota de André Breton, *Littérature,* núm. 2, abril de 1919, págs. 2-13.
— «Poésies II», *Littérature,* núm. 3, mayo de 1919, págs. 8-24.
Ducasse, Isidore, Comte de Lautréamont, *Poésies,* con un prefacio de Philippe Soupault, París, Au Sans Pareil, 1920.
— *Préface à un livre futur,* París, Éditons de la Sirène, 1922.
Lautréamont, *Œuvres complètes du Comte de Lautréamont. Les Chants de Maldoror, Poésies, Correspondance,* edición de Philippe Soupault, París, Au Sans Pareil, 1927.
— *Œuvres complètes,* con un prefacio de André Breton e ilustraciones de Victor Brauner, Oscar Dominguez, Max Ernst, Espinoza, René Magritte, André Masson, Matta Echaurren, Juan Miro, Paalen, Man Ray, Seligmann y Tanguy, París, Éditions GLM, 1938.
— *Les Chants de Maldoror et Œuvres complètes,* precedida del ensayo de Julien Gracq «Lautréamont toujours», París, La Jeune Parque, col. Le Cheval parlant, 1947.

Ducasse, Isidore, Comte de Lautréamont, *Œuvres complètes. Les Chants de Maldoror. Poésies. Lettres,* con prefacios de Louis Genonceaux, Remy de Gourmont, Edmond Jaloux, André Breton, Philippe Soupault, Julien Gracq, Roger Caillois y Maurice Blanchot, y dos retratos imaginarios de Salvador Dalí y Félix Vallotton, París, José Corti, 1953.

— *Poésies,* edición de Georges Goldfayn y Gérard Legrand, París, Le Terrain Vague, 1962 [citada, en alusión a su aparato crítico, «Goldfayn y Legrand, 1962»].

Lautréamont, *Œuvres complètes,* edición de Maurice Saillet, París, Le Livre de Poche, 1963.

Ducasse, Isidore, Comte de Lautréamont, *Œuvres complètes. Fac-similés des éditions originales,* edición de Hubert Juin, París, La Table Ronde, 1970.

Lautréamont y Nouveau, Germain, *Œuvres complètes,* edición de Pierre-Olivier Walzer, París, Gallimard, col. Bibliothèque de la Pléiade, 1970 [citada, en alusión a su aparato crítico, «Walzer, 1970»].

Lautréamont, *Les Chants de Maldoror. Poésies. Lettres,* edición de Philippe Sellier, París, Bordas, 1970.

Ducasse, Isidore, Comte de Lautréamont, *Œuvres complètes,* edición de Marcel Jean y Arpad Mezei, París, Eric Losfeld, 1971.

Lautréamont, *Œuvres complètes,* edición de Hubert Juin con un prefacio de Jean-Marie-Gustave Le Clézio, París, Gallimard, col. Poésie, 1973.

Rimbaud, Lautréamont, Corbière y Cros, *Œuvres poétiques complètes,* edición de Jérôme Bancilhon[169] con un prefacio de Hubert Juin, París, Robert Laffont, col. Bouquins, 1980.

Ducasse, Isidore, *Poésies,* Auch, Tristam, 1989.

Lautréamont, *Les Chants de Maldoror. Poésies I et II. Correspondance,* edición de Jean-Luc Steinmetz, París, Flammarion,

---

[169] La edición de Bancilhon es la que se ocupa de las obras de Lautréamont, que son todas: *Los Cantos de Maldoror, Poesías* y la correspondencia (texto: págs. 587-81; presentación y notas: págs. 865-937).

col. GF, 1990 [citada, en alusión a su aparato crítico, «Stein-metz, 1990»].

— *Les Chants de Maldoror. Poésies. Lettres,* edición de Louis Fo-restier e ilustrada por Louis Cane, París, Imprimerie Nationa-le, 1991.

— *Les Chants de Maldoror. Poésies,* edición de Jean-Pierre Gol-denstein, París, Pocket, col. Pocket Classiques, 1992.

— *Les Chants de Maldoror et autres œuvres,* edición de Patrick Besnier, París, Le Livre de Poche, col. Le Livre de Poche Clas-sique, 1992.

— *Poésies,* París, Mille et Une Nuits, 1995.

— *Les Chants de Maldoror et autres textes,* edición de Jean-Luc Steinmetz, París, Le Livre de Poche, col. Classiques de Poche, 2001 [citada, en alusión a su aparato crítico, «Steinmetz, 2001»].

— *Œuvres complètes,* edición de Jean-Luc Steinmetz, París, Ga-llimard, col. Bibliothèque de la Pléiade, 2009 [citada, en alu-sión a su aparato crítico, «Steinmetz, 2009»].

DUCASSE, Isidore, *Poésies I & II,* París, Éditions Alia, 2016.

Principales traducciones completas (español, catalán y gallego)

DUCASSE, Isidoro, Conde de Lautréamont, «Poesías. Prefacio a un libro futuro», *El Hijo Pródigo I. Revista literaria,* abril/sep-tiembre de 1943, págs. 365-379. Traducción de José Ferrel[170].

LAUTRÉAMONT, Conde de (Isidore Ducasse), *Poesías. Prefacio a un libro futuro,* Buenos Aires, Editorial Poseidón, col. Perseo, 1945. Traducción de Braulio Arenas.

— *Obras completas,* Buenos Aires, Ediciones Boa, 1964. Traduc-ción de Aldo Pellegrini[171].

---

[170] Edición publicada posteriormente como libro: Isidore Ducasse, Conde de Lautréamont, *Poesías. Prefacio a un libro futuro,* México, Breve Fondo Editorial, 1999.

[171] Esta traducción fue reeditada en la colección La Nave de los Locos de ediciones MCA (Valencia, 2001).

Lautréamont, *Obra completa,* Madrid, Akal, col. Akal Bolsillo, 1988. Edición bilingüe. Traducción de Manuel Álvarez Ortega.

— *Poesías y cartas,* Buenos Aires, Marymar, 1977. Traducción de Luis Justo.

Ducasse, Isidore, Conde de Lautréamont, *Poesías,* Valencina de la Concepción, Renacimiento, 1998. Traducción de Ángel Pariente [citada, en alusión a su aparato crítico, «Pariente, 1998»].

— *Los Cantos de Maldoror. Poesías,* Madrid, Gredos, col. Biblioteca Universal Gredos, 2004. Traducción de Carlos R. Méndez.

Lautréamont, *Els Cants de Maldoror. Poesies I i II,* edición de Ricard Ripoll, Vallbona de les Monges, March Editor, 2005. Traducción al catalán de Ricard Ripoll [citada, en alusión a su aparato crítico, «Ripoll, 2005»].

Lautréamont, Conde de, *Cantos de Maldoror e Poesías,* Ames, Edicións Laiovento, 2005. Traducción al gallego de Xesús González Gómez.

— *Los Cantos de Maldoror,* Madrid, Valdemar, Colección Gótica, 2016. Edición y traducción de Mauro Armiño [citada, en alusión a su aparato crítico, «Armiño, 2016»][172].

Ducasse, Isidore, Conde de Lautréamont, *Obras Completas,* Montevideo, Casa editorial HUM, 2024. Edición de Alma Bolón [citada, en alusión a su aparato crítico, «Bolón, 2024»]. Traducción de Alma Bolón y Beatriz Vegh[173].

Estudios totales y parciales sobre «Poesías» (selección)

Aragon, Louis, «Contribution à l'avortement des études maldororiennes», *Le Surréalisme au Service de la Révolution,* núm. 2, 1930, págs. 22-24.

---

[172] La edición, a cargo del traductor, se complementa con *Poesías,* la correspondencia de Ducasse y dos de los textos a él atribuidos.

[173] La traducción de *Los Cantos de Maldoror* es una adaptación de la de Ángel Pariente; mientras que la de *Poesías I* y *II* es original de las traductoras.

— «Lautréamont et nous», *Les Lettres françaises,* núms. 1185 y 1186, junio de 1967, págs. 7-9 y 3-9.

BACHELARD, Gaston, *Lautréamont,* París, Corti, 1956 (traducción española: México, Fondo de Cultura Económica, 1985).

BERNADET, Arnaud, «Maldoror phraseur», en Judith Wulf (dir.), *Le XIXᵉ siècle à la loupe. Hommage à Steve Murphy,* París, Classiques Garnier, 2024, págs. 437-453.

BRETON, André, «Sucre jaune», *Arts,* 12 de octubre de 1951[174].

BRUNEL, Camille, *Vie imaginaire de Lautréamont,* París, Gallimard, col. L'Arbalète, 2011.

CARADEC, François, *Isidore Ducasse, comte de Lautréamont,* París, Gallimard, 1975.

CAMUS, Albert, «Lautréamont et la banalité», *Les Cahiers du Sud,* núm. 307, 1951, págs. 399-401.

CROQUETTE, Bernard, «Le (contre) Pascal d'Isidore Ducasse», *Revue d'Histoire littéraire de la France,* 74.º año, núm. 3, 1974, págs. 447-455.

DAGEN, Jean, «Le piège de la maxime», *XVIIᵉ siècle,* núm. 186, 1995, págs. 89-102.

DARÍO, Rubén, *Los raros,* edición de Ricardo de la Fuente Ballesteros y Juan Pascual Gay, Madrid, Cátedra, col. Letras Hispánicas, 2020.

DAVID, Sylvain-Christian, *Isidore Lautréamont,* París, Seghers, 1991.

— *Alfred Jarry, le secret des origines,* París, Presses Universitaires de France, 2003.

DE HAES, Franz, *Images de Lautréamont. Histoire d'une renommée et état de la question,* Gembloux, Duculot, 1970.

DESNOS, Robert, «Lautréamont», *Iman,* abril de 1931, págs. 98-99.

FAURISSON, Robert, *A-t-on lu Lautréamont?,* París, Gallimard, 1972.

---

[174] El texto se publicó sin este título. Más adelante, Breton lo incluyó, levemente adaptado, en su recopilación de ensayos *La Clé des Champs* (1953), esta vez titulado «Sucre jaune» *(Œuvres complètes,* t. III, París, Gallimard, col. Bibliothèque de la Pléiade, 1999, págs. 911-913).

GOURMONT, Remy de, *Sur Lautréamont,* edición de Christian Buat, París, Éditions du Sandre, 2010.

GUILLOT MUÑOZ, Álvaro y Gervasio, *La leyenda de Lautréamont,* Montevideo, Fundación de Cultura Universitaria, 1971.

JEAN, Raymond, *Lectures du désir. Nerval, Lautréamont, Apollinaire, Éluard,* París, Seuil, 1977.

KRISTEVA, Julia, *La révolution du langage poétique. L'avant-garde à la fin du XIXᵉ siècle: Lautréamont et Mallarmé,* París, Seuil, col. Points, 1974.

LAMBERT, Raphaëlle, «L'ironie des *Poésies*», *Cahiers Lautréamont,* núm. 2, 2020, págs. 43-49.

LARBAUD, Valery, «Les Poésies d'Isidore Ducasse», *La Phalange,* 20 de febrero de 1914, págs. 148-155.

LASSALLE, Jean-Pierre, «La Correspondance entre Hugo et Ducasse», *Cahiers Lautréamont,* 2.º semestre de 1988, pág. 78.

— «Ernest Naville, lecteur de Lautréamont», en *Les Lecteurs de Lautréamont, Actes du quatrième colloque international sur Lautréamont* (Montreal, 5-7 de octubre de 1998), *Cahiers Lautréamont,* núms. XLVII-XLVIII, 2.º semestre de 1998, págs. 329-342.

LE CLEC'H, Patrick, *Le Pascal des* Pensées *et Lautréamont. Une dialectique des contraires,* Mulsanne, ITF Éditeurs, 2015.

LEFRÈRE, [Jean-]Jacques, *Le Visage de Lautréamont,* París, Pierre Horay, 1977.

LEFRÈRE, Jean-Jacques, *Isidore Ducasse, auteur des Chants de Maldoror par le comte de Lautréamont,* París, Fayard, 1998.

— «Les Tirages du Chant premier et de *Poésies*», *Cahiers Lautréamont,* núms. XLIX-L, 1.ᵉʳ semestre de 1999, pág. 100.

— «Deux *ex-donos* inconnus d'Isidore Ducasse: les exemplaires de Poésies d'Eugène Loudun», *Cahiers Lautréamont,* núms. LI-LII, 2.º semestre de 1999, págs. 13-27.

— «Les *Poésies* n'ont pas progressé d'un millimètre», en *Les Poésies d'Isidore Ducasse, Actes du cinquième colloque international sur Lautréamont* (Marsella, 13-15 de octubre de 2000), *Cahiers Lautréamont,* núms. LIV-LV, Tusson, Du Lérot, 2.º semestre de 2000, págs. 9-15.

— *Lautréamont,* París, Flammarion, 2008.

LEROUGE, Siméon, «*Poésies,* l'œuvre d'un pédagogue?», *Cahiers Lautréamont,* núm. 6, 2024, págs. 105-116.

MARCADE, Bernard, *Isidore Ducasse,* París, Seghers, col. Poètes d'aujourd'hui, 2002.

MORET, Jean-Marc, *De* Latréaumont *à Lautréamont,* París, Honoré Champion, 2025.

MULLER, Curt, «Documents inédits sur le comte de Lautréamont (Isidore Lucien Ducasse) et son œuvre», *Minotaure,* núm. 12-13, mayo de 1939, págs. 73-81.

MURPHY, Steve, «Ducasse satyrique», *Europe,* núm. 700-701, agosto-septiembre de 1987, págs. 60-67.

NATHAN, Michel, *Lautréamont feuilletoniste autophage,* Seyssel, Champ Vallon, 1992.

NESSELROTH, Peter W., «Lautréamont: le sens de la forme», *Littérature,* núm. 17, 1975, págs. 73-83.

PERRONE-MOISÈS, Leyla, «Deux ou trois choses que l'on sait de lui», *Littérature,* núm. 117, 2000, págs. 18-37.

PERRONE-MOISÈS, Leyla y RODRÍGUEZ MONEGAL, Emir, *Lautréamont. L'identité culturelle,* París, L'Harmattan, 2001.

PEYROUZET, Édouard, *Vie de Lautréamont,* París, Grasset, 1970.

PHILIP, Michel, *Lectures de Lautréamont,* París, Armand Colin, 1971.

PIERSSENS, Michel, *Éthique à Maldoror,* Lille, Presses universitaires de Lille, 1984.

— «Maximes et "fusées": Ducasse, Baudelaire, Flaubert, Nietzsche», *Europe,* núm. 700-701, 1987, págs. 53-59.

— *Ducasse et Lautréamont, l'envers et l'endroit,* Tusson, Éditions du Lérot / Presses Universitaires de Vincennes, 2006.

PITU, Luca, *Lautréamont, la rhétorique et nous,* Brasov, Aula, 2006.

PLEYNET, Marcelin, *Lautréamont,* París, Seuil, col. Écrivains de toujours, 1967 (traducción española: Valencia, Pre-Textos, 1977).

PONGE, Francis, «Adaptez à vos bibliothèques le dispositif Madoror-Poésies», *Les Cahiers du Sud,* núm. 275, 1946, págs. 3-5.

Rodríguez Monegal, Emir, «Isidoro Ducasse, lector del Barroco español», *Revista Iberoamericana,* núm. 52(135), 1986, págs. 333-360.

Rodríguez Monegal, Emir y Perrone-Moisès, Leyla, «Isidore Ducasse y la retórica española», *Madoror. Revista de la Ciudad de Montevideo,* núm. 17-18, 1984, págs. 99-119.

Rousse, Emmanuel, «Ducasse iconoclaste ou l'art du "pilleur d'épaves célestes"», *Babel,* núm. 18, 2008, págs. 189-208.

Saliou, Kevin, *La Réception de Lautréamont,* París, Classiques Garnier, 2021 [2021a].

— «Dialectique des *Poésies*», *Cahiers Lautréamont,* núm. 3, 2021, págs. 203-229 [2021b].

— «*Poésies.* Approche philosophique», *Cahiers Lautréamont,* núm. 4, 2022, págs. 225-253.

Sibilo, Elisabetta, «Lautréamont et le futur de la poésie», *La Licorne,* núm. 57, 2001, págs. 111-126.

Soupault, Philippe, *Lautréamont,* París, Seghers, col. Poètes d'aujourd'hui, 1953.

Steinmetz, Jean-Luc, *Signets. Essais critiques sur la poésie du XVIIe au XXe siècle,* París, José Corti, 1995.

Teramoto, Naruhiko, «Le statut de Pascal et de Vauvenargues dans les *Poésies.* La "poésie" à travers et au-delà de la maxime», *Cahiers Lautréamont,* núm. XXXIX-XXXX, 2.º semestre de 1996, págs. 289-303.

— «Quelques "hypotextes" chez Lautréamont-Ducasse: l'identification des textes-matériaux réécrits dans les *Chants de Maldoror* et les *Poésies*», *Cahiers Lautréamont,* núms. LV-LVI, 2001, págs. 177-187.

Terray, Marie-Louise, *Les Chants de Maldoror, Lettres, Poésies I et II d'Isidore Ducasse, Comte de Lautréamont,* París, Gallimard, col. Foliothèque, 1997.

Torre, Guillermo de, *Historia de las literaturas de vanguardia,* Madrid, Guadarrama, 1965.

Touzeau, Gérard, «Louis d'Hurcourt, dédicataire des Poésies d'Isidore Ducasse», *Cahiers Lautréamont numériques,* 5 de abril de 2016. Disponible en: <cahierslautreamont.wordpress.

com/2016/04/05/louis-dhurcourt-dedicataire-des-poesies-disidoreducasse-1/>.

VANEIGEM, Raoul, «Isidore Ducasse et le Comte de Lautréamont dans les Poésies», *Synthèses,* diciembre de 1958, págs. 243-249.

XIFRA, Jordi, «Réception et portée de Lautréamont dans les milieux avant-gardistes hispaniques», *Cahiers Lautréamont,* núm. 5, 2023, págs. 239-266.

— «L'Héritage narratif d'Isidore Ducasse dans le premier cinéma de Luis Buñuel», *Cahiers Lautréamont,* núm. 6, 2024, págs. 289-317.

— «Quand les poètes traduisent les *Poésies* de Ducasse en espagnol: de la métapoésie au détournement détourné», *Cahiers Lautréamont,* núm. 7, 2025, págs. 237-258.

POÉSIES

Je remplace la mélancolie par le courage, le doute par la certitude, le désespoir par l'espoir, la méchanceté par le bien, les plaintes par le devoir, le scepticisme par la foi, les sophismes par la froideur du calme et l'orgueil par la modestie.

POESÍAS

Reemplazo la melancolía por el coraje, la duda por la certitud, la desesperanza por la esperanza, la maldad por el bien, las quejas por el deber, el escepticismo por la fe, los sofismas por la frialdad de la calma y el orgullo por la modestia[1].

---

[1] Estas intenciones, que constituyen un verdadero programa de negación (Saliou, 2021: 221), se anuncian o repiten en las cartas de Ducasse del 21 de febrero y 12 de marzo de 1870 (véase el Apéndice I). Por lo demás, si bien se imprimieron en la portada del primer tomo (véase la pág. 80), su alcance abarca los dos opúsculos.

À Georges DAZET, Henri MUE, Pedro ZUMARÁN[1], Louis DUCOUR, Joseph BLEUMSTEIM, Joseph DURAND ;

À mes condisciples LESPÈS, Georges MINVIELLE, Auguste DELMAS ;

Aux Directeurs de Revues, Alfred SIRCOS, Frédéric DAMÉ ;

Aux AMIS passés, présents et futurs ;

À Monsieur HINSTIN, mon ancien professeur de rhétorique ;

sont dédiés, une fois pour toutes les autres, les prosaïques morceaux que j'écrirai dans la suite des âges, et dont le premier commence à voir le jour d'hui, typographiquement parlant.

---

[1] En el original: *ZUMARAN*. A finales del siglo XIX, las máquinas de composición tipográfica procedentes de los países anglosajones frenaron temporalmente el uso de las mayúsculas acentuadas, creando la costumbre de omitir los acentos en las mayúsculas, una costumbre que luego se justificó, erróneamente, como si fuera una regla tipográfica. Hemos corregido esta errata, que ya no anotaremos de ahora en adelante.

A Georges DAZET[2], Henri MUE, Pedro ZUMARÁN, Louis DUCOUR, Joseph BLEUMSTEIM, Joseph DURAND;

A mis condiscípulos LESPÈS, Georges MINVIELLE, Auguste DELMAS;

A los directores de revistas, Alfred SIRCOS, Frédéric DAMÉ;

A los AMIGOS pasados, presentes y futuros;

Al Sr. HINSTIN, mi antiguo profesor de retórica;

están dedicados, de una vez por todas las otras, los prosaicos fragmentos que escribiré en las edades que acontecerán, y el primero de los cuales comienza a ver el día hoy, tipográficamente hablando.

---

[2] Sobre la identidad de los dedicatarios y de todas las personas citadas en *Poesías,* véase el Apéndice IV.

ISIDORE DUCASSE

POÉSIES

— I —

Je remplace la mélancolie par le courage, le doute par la certitude, le désespoir par l'espoir, la méchanceté par le bien, les plaintes par le devoir, le scepticisme par la foi, les sophismes par la froideur du calme et l'orgueil par la modestie.

Prix : UN FRANC

PARIS

JOURNAUX POLITIQUES ET LITTÉRAIRES

LIBRAIRIE GABRIE

PASSAGE VERDEAU, 25

1870

POESÍAS
I

———

POÉSIES
I

[1] Les gémissements poétiques de ce siècle ne sont que des sophismes.

[2] Les premiers principes doivent être hors de discussion.

[3] J'accepte Euripide et Sophocle ; mais je n'accepte pas Eschyle.

[4] Ne faites pas preuve de manque des convenances les plus élémentaires et de mauvais goût envers le créateur[II].

[5] Repoussez l'incrédulité : vous me ferez plaisir.

[6] Il n'existe pas deux genres de poésies ; il n'en est qu'une.

[7] Il existe une convention peu tacite entre l'auteur et le lecteur, par laquelle le premier s'intitule malade, et accepte le second comme garde-malade. C'est le poète qui console l'humanité ! Les rôles sont intervertis arbitrairement.

[8] Je ne veux pas être flétri de la qualification de poseur.

[II] Esta ausencia de la mayúscula es con toda probabilidad una errata, pues en *I*, 43, la incluye, tal y como hizo en *Los Cantos de Maldoror*.

[1] Los gemidos poéticos de este siglo no son más que sofismas[3].

[2] Los primeros principios deben estar fuera de discusión.

[3] Acepto a Eurípides y a Sófocles; mas no acepto a Esquilo[4].

[4] No deis prueba de falta de las conveniencias más elementales y de mal gusto hacia el creador.

[5] Repudiad la incredulidad: me complaceréis.

[6] No existen dos géneros de poesías; no hay más que una.

[7] Existe una convención poco tácita entre el autor y el lector, por la cual el primero se intitula enfermo, y acepta al segundo como enfermero. ¡Es el poeta quien consuela a la humanidad! Los roles están invertidos arbitrariamente[5].

[8] No quiero ser mancillado con el calificativo de que postureo[6].

---

[3] Señalando la equivalencia de la poesía de los sentimientos y el sofisma, Ducasse relega todo romanticismo a la mentira.

[4] En 1870 Esquilo era todavía considerado como un autor primitivo y salvaje.

[5] Aquí se opone Ducasse a la idea del poeta enfermo. El poema «Poète mourant» de Charles Hubert Millevoye fue muy apreciado por los románticos.

[6] Existe la traducción literal de «poseur», es decir, *posero*: «Dicho de una persona: Que actúa de forma poco auténtica o natural» *(DEL)*. Dado que se circunscribe al vocabulario del español de Chile, hemos optado por no utilizarlo.

[9] Je ne laisserai pas des Mémoires.

[10] La poésie n'est pas la tempête, pas plus que le cyclone[III]. C'est un fleuve majestueux et fertile.

[11] Ce n'est qu'en admettant la nuit physiquement, qu'on est parvenu à la faire passer moralement. *Ô Nuits d'Young !* vous m'avez causé beaucoup de migraines !

[12] On ne rêve que lorsque l'on dort. Ce sont des mots comme celui de rêve, néant de la vie, passage terrestre, la préposition peut-être, le trépied désordonné, qui ont infiltré dans vos âmes cette poésie moite des langueurs, pareille à de la pourriture. Passer des mots aux idées, il n'y a qu'un pas.

[13] Les perturbations, les anxiétés, les dépravations, la mort, les exceptions dans l'ordre physique ou moral, l'esprit de négation, les abrutissements, les hallucinations servies par la volonté, les tourments, la destruction, les renversements, les larmes, les insatiabilités, les asservissements, les imaginations creusantes, les romans, ce qui est inattendu, ce qu'il ne faut pas faire, les singularités chimiques de vautour mystérieux qui guette la charogne de quelque illusion

---

[III] Alusión, como en el aforismo anterior (véase la nota al pie de la traducción), a Chateaubriand, contradiciendo el famoso «Levez-vous, orages désirés» [«Levantaos, tormentas anheladas»] de *René*.

[9] No dejaré Memorias[7].

[10] La poesía no es la tempestad, como tampoco el ciclón. Es un río majestuoso y fértil.

[11] No es más que admitiendo la noche físicamente que se ha llegado a hacerla pasar moralmente. *¡Oh Noches de Young!*[8] ¡Me habéis causado muchas migrañas!

[12] No se sueña más que cuando se duerme. Son palabras como la de sueño, nada de la vida, paso terrestre, la preposición quizá[9], el trípode desordenado, las que han infiltrado en vuestras almas esta poesía húmeda de languideces, parecida a la podredumbre. Pasar de las palabras a las ideas, no hay más que un paso.

[13] Las perturbaciones, las ansiedades, las depravaciones, la muerte, las excepciones en el orden físico o moral, el espíritu de negación, los embrutecimientos, las alucinaciones servidas por la voluntad, los tormentos, la destrucción, los reveses, las lágrimas, las insaciabilidades, las servidumbres, las imaginaciones huecas, las novelas, lo inesperado, lo que no hay que hacer, las singularidades químicas de buitre misterioso que acecha la carroña de alguna ilusión

---

[7] Referencia a *Memorias de ultratumba* de Chateaubriand, publicadas póstumas. Así, Ducasse rechaza el lirismo romántico y del género autobiográfico (Saliou, 2021: 222). En el siguiente, sigue con su ofensiva, esta vez contra *René* (véase la nota al pie del original).

[8] *Las Noches,* también traducida como *Lamento nocturno (Night Thoughts,* 1742-175), del poeta prerromántico inglés Edward Young, estaba muy en boga a principios del Romanticismo por su temática sepulcral. En España, José Cadalso siguió esta moda con sus *Noches lúgubres* (1789-1790).

[9] He aquí uno de los sintagmas más enigmáticos de *Poesías.* ¿A qué se refiere Ducasse? ¿O estamos ante una errata? Nos aventuramos a conjeturar que sintagmas como este, y el que le sigue (no hay nada más difícil de desordenar, ni que pierda toda su esencia, que un trípode) sean los máximos exponentes del paso que permite transitar de las palabras a las ideas, tal como Ducasse nos recuerda al final de esta particular reflexión. Por lo cual, no hemos aplicado en esta traducción (ni aquí ni en otros casos) el uso convencional de la cursiva con fines metalingüísticos.

morte, les expériences précoces et avortées, les obscurités à carapace de punaise, la monomanie terrible de l'orgueil, l'inoculation des stupeurs profondes, les oraisons funèbres, les envies, les trahisons, les tyrannies, les impiétés, les irritations, les acrimonies, les incartades agressives, la démence, le spleen[IV], les épouvantements raisonnés, les inquiétudes étranges, que le lecteur préférerait ne pas éprouver, les grimaces, les névroses, les filières sanglantes par lesquelles on fait passer la logique aux abois, les exagérations, l'absence de sincérité, les scies, les platitudes, le sombre, le lugubre, les enfantements pires que les meurtres, les passions, le clan des romanciers de cours d'assises, les tragédies, les odes, les mélodrames, les extrêmes présentés à perpétuité, la raison impunément sifflée, les odeurs de poule mouillée, les affadissements, les grenouilles, les poulpes, les requins, le simoun des déserts, ce qui est somnambule, louche, nocturne, somnifère, noctambule, visqueux, phoque parlant, équivoque, poitrinaire, spasmodique, aphrodisiaque, anémique, borgne, hermaphrodite, bâtard, albinos, pédéraste, phénomène d'aquarium et femme à barbe, les heures soûles du découragement taciturne, les fantaisies, les âcretés, les monstres, les syllogismes démoralisateurs, les ordures, ce qui ne réfléchit pas comme l'enfant, la désolation, ce mancenillier intellectuel, les chancres parfumés, les cuisses

---

[IV] En el original: *splëen*.

muerta, las experiencias precoces y abortadas, las oscuridades con caparazón de chinche, la monomanía terrible del orgullo, la inoculación de estupores profundos, las oraciones fúnebres, las envidias, las traiciones, las tiranías, las impiedades, las irritaciones, las acrimonias, las extravagancias agresivas, la demencia, el *spleen*[10], los espantos razonados, las inquietudes extrañas, que el lector preferiría no experimentar, las muecas, las neurosis, las hileras sangrantes por las que se hace pasar la lógica acorralada, las exageraciones, la ausencia de sinceridad, las cantinelas, las simplezas, lo sombrío, lo lúgubre, los partos peores que los asesinatos, las pasiones, el clan de novelistas de tribunales[11], las tragedias, las odas, los melodramas, los extremos presentados a perpetuidad, la razón impunemente silbada, los olores de gallina mojada[12], las insulseces, las ranas, los pulpos, los tiburones, el simún de los desiertos, lo que es sonámbulo, sospechoso, nocturno, somnífero, noctámbulo, viscoso, foca parlante[13], equívoco, fímico, espasmódico, afrodisíaco, anémico, tuerto, hermafrodita, bastardo, albino, pederasta, fenómeno de acuario y mujer barbuda, las horas ebrias del descorazonamiento taciturno, las fantasías, las acritudes, los monstruos, los silogismos desmoralizadores, las basuras, lo que no reflexiona como el niño, la desolación, ese manzanillo[14] intelectual, los chancros perfumados, los muslos de

---

[10] *spleen*: 'melancolía que produce un estado depresivo'. La palabra fue tomada por Baudelaire para describir el estadio de tedio y aburrimiento de la generación de los jóvenes románticos.

[11] Podría ser una referencia al especialista en este tipo de narraciones, Émile Gaboriau, al que cita más adelante, en *II*, 38.

[12] *gallina mojada*: 'miedoso, cobarde'.

[13] Con esta expresión, Ducasse sugiere una gran confusión y un mal estilo.

[14] *manzanillo*: 'árbol sudamericano, de la familia de las euforbiáceas'. Se consideraba que su sombra era mortal, y así lo plasmó el compositor alemán Giacomo Meyerbeer en su ópera *La Africana* (1865), uno de los mayores éxitos de la historia de este género musical.

aux camélias, la culpabilité d'un écrivain qui roule sur la pente du néant et se méprise lui-même avec des cris joyeux, les remords, les hypocrisies, les perspectives vagues qui vous broient dans leurs engrenages imperceptibles, les crachats sérieux sur les axiomes[V] sacrés, la vermine et ses chatouillements insinuants, les préfaces insensées, comme celles de Cromwell, de Mlle de Maupin et de Dumas fils, les caducités, les impuissances, les blasphèmes[VI], les asphyxies, les étouffements, les rages, — devant ces charniers immondes, que je rougis de nommer, il est temps de réagir enfin contre ce qui nous choque et nous courbe si souverainement.

[14] Votre esprit est entraîné perpétuellement hors de ses gonds, et surpris dans le piège de ténèbres construit avec un art grossier par l'égoïsme et l'amour-propre.

[15] Le goût est la qualité fondamentale qui résume toutes les autres qualités. C'est le *nec plus ultra*[VII] de l'intelligence. Ce n'est que par lui seul que le génie est la santé suprême et l'équilibre de toutes les facultés. Villemain est trente-quatre fois plus intelligent qu'Eugène Sue et Frédéric Soulié. Sa préface du *Dictionnaire de l'Académie* verra la

---

[V] En el original: *axiômes.*
[VI] En el original: *blasphêmes.*
[VII] En el original: *nec plus ultrà.*

camelias[15], la culpabilidad de un escritor que rueda por la ladera de la nada y se desprecia a sí mismo con gritos alegres, los remordimientos, las hipocresías, las perspectivas vagas que os estrujan entre sus engranajes imperceptibles, los escupitajos serios sobre los axiomas sagrados, los parásitos y sus cosquillas insinuantes, los prefacios insensatos, como los de Cromwell, de Mlle. de Maupin y de Dumas hijo[16], las caducidades, las impotencias, las blasfemias, las asfixias, los ahogos, las rabias —ante esos osarios inmundos, que me ruboriza nombrar, es tiempo de reaccionar ya contra lo que nos choca y nos doblega tan soberanamente.

[14] Vuestro espíritu es arrastrado perpetuamente fuera de quicio, y sorprendido en la trampa de tinieblas construida con un arte grosero por el egoísmo y el amor propio[17].

[15] El gusto es la cualidad fundamental que resume todas las otras cualidades. Es el *nec plus ultra* de la inteligencia. No se debe más que a él que el genio sea la salud suprema y el equilibrio de todas las facultades. Villemain es treinta y cuatro veces más inteligente que Eugène Sue y Frédéric Soulié. Su prefacio al *Diccionario de la Academia*[18]

---

[15] Ducasse evoca *La dama de las camelias,* de Alexandre Dumas (hijo), mezclando la belleza de las flores con la sexualidad.

[16] Estos prefacios marcaron profundamente la literatura francesa. En el de *Cromwell* (1827), Hugo justificaba el drama romántico y devino rápidamente una suerte de manifiesto de la nueva escuela; el de Gauthier para *Mademoiselle de Maupin* (novela epistolar publicada en 1835) era un alegato contra la literatura utilitaria, y los de Dumas hijo llamaron la atención sobre las bajezas de la burguesía. Por otro lado, los prefacios de este último abarcaban los más diversos temas.

[17] El alineamiento de esta reflexión con el pensamiento dominante sobre el amor propio entre los moralistas franceses es una prueba de la alineación de Ducasse con ellos, proponiendo que el juego plagiario de *Poesías II* es también provocación.

[18] Se trata del prefacio a la tercera edición del *Dictionnaire de l'Académie Française* (1835), donde encontramos la siguiente cita de Courier: «Pour la langue, il n'est femmelette du xviie siècle qui n'en remontrât aux Buffon et aux Rousseau» [«En cuanto a la lengua, no hay

mort des romans de Walter Scott, de Fenimore Cooper, de tous les romans possibles et imaginables. Le roman est un genre faux, parce qu'il décrit les passions pour elles-mêmes : la conclusion morale est absente. Décrire les passions n'est rien ; il suffit de naître un peu chacal, un peu vautour, un peu panthère. Nous n'y tenons pas. Les décrire, pour les soumettre à une haute moralité, comme Corneille, est autre chose. Celui qui s'abstiendra de faire la première chose, tout en restant capable d'admirer et de comprendre ceux à qui il est donné de faire la deuxième, surpasse, de toute la supériorité des vertus sur les vices, celui qui fait la première.

[16] Par cela seul qu'un professeur de seconde se dit : « Quand on me donnerait tous les trésors de l'univers, je ne voudrais pas avoir fait des romans pareils à ceux de Balzac et d'Alexandre Dumas », par cela seul, il est plus intelligent qu'Alexandre Dumas et Balzac. Par cela seul qu'un élève de troisième s'est pénétré qu'il ne faut pas chanter les difformités physiques et intellectuelles, par cela seul, il est plus fort, plus capable, plus intelligent que Victor Hugo, s'il n'avait fait que des romans, des drames et des lettres.

[17] Alexandre Dumas fils ne fera jamais, au grand jamais, un discours de distribution des prix pour un lycée. Il ne connaît pas ce que c'est que la morale. Elle ne transige

verá la muerte de las novelas de Walter Scott, de Fenimore Cooper, de todas las novelas posibles e imaginables. La novela es un género falso[19], porque describe las pasiones por sí mismas: la conclusión moral está ausente. Describir las pasiones no es nada; basta nacer un poco chacal, un poco buitre, un poco pantera. No nos interesa. Describirlas, para someterlas a una elevada moralidad, como Corneille, es otra cosa. El que se abstendrá de hacer lo primero, permaneciendo capaz de admirar y de comprender a aquellos a los que les es dado hacer lo segundo, sobrepasa, con toda la superioridad de las virtudes sobre los vicios, al que hace lo primero.

[16] Solo con que un profesor de cuarto de secundaria se diga: «Aun cuando me dieran todos los tesoros del universo, no quisiera haber hecho novelas parejas a las de Balzac y Alexandre Dumas», solo por eso, es más inteligente que Alexandre Dumas y Balzac. Solo con que un alumno de tercero se haya impregnado de que no hay que cantar las deformidades físicas e intelectuales, solo por eso, es más fuerte, más capaz, más inteligente que Victor Hugo, si no hubiese hecho más que novelas, dramas y cartas[20].

[17] Alexandre Dumas hijo no hará, jamás de los jamases, un discurso de entrega de premios para un liceo. No conoce lo que es la moral. Esta no se transige. Si lo hiciera,

---

mujerzuela del siglo XVII que no aleccionase a los Buffon y a los Rousseau»] (Walzer, 1970: 1147).

[19] Si bien es cierto que, en el párrafo anterior, Ducasse ya incluye la novela entre los términos y sintagmas negativos y despectivos que lo pueblan, tal aseveración contrasta con el último canto de los de *Maldoror*, donde el otrora conde de Lautréamont, creyendo haber hallado la fórmula definitiva, aseguraba: «¡Es la mejor porque es la novela!» (Lautréamont, *Los Cantos de Maldoror*, Cátedra, *op. cit.*, pág. 291).

[20] Ducasse considera que el Hugo poeta es mejor que el Hugo novelista y dramaturgo, algunos de cuyos protagonistas suelen tener deformidades físicas: Quasimodo *(Nuestra Señora de París)*, Triboulet *(El rey se divierte)* y Gwynplaine *(El hombre que ríe)*.

pas. S'il le faisait, il devrait auparavant biffer d'un trait de plume tout ce qu'il a écrit jusqu'ici, en commençant par ses Préfaces absurdes. Réunissez un jury d'hommes compétents : je soutiens qu'un bon élève de seconde est plus fort que lui dans n'importe quoi, même dans la *sale* question[VIII] des courtisanes.

[18] Les chefs-d'œuvre de la langue française sont les discours de distribution pour les lycées, et les discours académiques. En effet, l'instruction de la jeunesse est peut-être la plus belle expression pratique du devoir, et une bonne appréciation des ouvrages de Voltaire (creusez le mot appréciation) est préférable à ces ouvrages eux-mêmes. — Naturellement !

[19] Les meilleurs auteurs de romans et de drames dénatureraient à la longue la fameuse idée du bien, si les corps enseignants, conservatoires du juste, ne retenaient les générations jeunes et vieilles dans la voie de l'honnêteté et du travail.

[20] En son nom personnel, malgré elle, il le faut, je viens renier, avec une volonté indomptable, et une ténacité de fer, le passé hideux de l'humanité pleurarde. Oui : je veux proclamer le beau sur une lyre d'or, défalcation faite des tristesses goitreuses et des fiertés stupides qui décomposent, à sa source, la poésie marécageuse de ce siècle. C'est avec les pieds que je foulerai les stances aigres du scepti-

---

[VIII] En el original: *même dans la même dans la* sale *question.*

debería primero tachar de un plumazo todo lo que ha escrito hasta ahora, empezando por sus Prefacios absurdos. Reunid un jurado de hombres competentes: sostengo que un buen alumno de cuarto de secundaria puede más que él en cualquier cosa, incluso en la *sucia* cuestión de las cortesanas[21].

[18] Las obras maestras de la lengua francesa son los discursos de entrega para los liceos, y los discursos académicos. En efecto, la instrucción de la juventud es tal vez la más bella expresión práctica del deber, y una buena apreciación de las obras de Voltaire (ahondad en la palabra apreciación) es preferible a esas obras mismas. —¡Naturalmente!

[19] Los mejores autores de novelas y de dramas desnaturalizarían a la larga la famosa idea del bien, si los cuerpos docentes, conservatorios de lo justo, no retuvieran a las generaciones jóvenes y viejas en la vía de la honestidad y del trabajo.

[20] En su nombre personal, a pesar suyo, hay que hacerlo, vengo a renegar, con una voluntad indomable, y una tenacidad de hierro, del pasado repulsivo de la humanidad llorona. Sí: quiero proclamar lo bello sobre una lira de oro, una vez deducidas las tristezas bociosas[22] y las altiveces estúpidas que descomponen, en su fuente, la poesía cenagosa[23] de este siglo. Es con los pies que hollaré las estan-

---

[21] La obra de Dumas hijo ofrece una doble aproximación a las cortesanas. Si en *La dama de las camelias* (1848) muestra que es posible su rehabilitación social, en *Le roman d'une femme* (1855) revela que es prudente defenderla y condenar la otra forma de prostitución practicada por mujeres casadas de la alta sociedad, las llamadas «mujeres adúlteras».

[22] No hay adjetivo para designar a quien tiene bocio, es decir, la hinchazón en el cuello como resultado de un agrandamiento de la glándula tiroides. Tiramos, pues, de neologismo.

[23] La poesía cenagosa se corresponde con la de *Los Cantos de Maldoror,* definidos ya en el primer canto como «marécages désolés».

cisme, qui n'ont pas leur motif d'être. Le jugement, une fois entré dans l'efflorescence de son énergie, impérieux et résolu, sans balancer une seconde dans les incertitudes dérisoires d'une pitié mal placée, comme un procureur général, fatidiquement, les condamne. Il faut veiller sans relâche sur les insomnies purulentes et les cauchemars atrabilaires. Je méprise et j'exècre l'orgueil, et les voluptés infâmes d'une ironie, faite éteignoir, qui déplace la justesse de la pensée.

[21] Quelques caractères, excessivement intelligents, il n'y a pas lieu que vous l'infirmiez par des palinodies d'un goût douteux, se sont jetés, à tête perdue, dans les bras du mal. C'est l'absinthe, savoureuse, je ne le crois pas, mais, nuisible, qui tua moralement l'auteur de *Rolla*. Malheur à ceux qui sont gourmands ! À peine est-il entré dans l'âge mûr, l'aristocrate anglais, que sa harpe se brise sous les murs de Missolonghi, après n'avoir cueilli sur son passage que les fleurs qui couvent l'opium des mornes anéantissements.

[22] Quoique plus grand que les génies ordinaires, s'il s'était trouvé de son temps un autre poète, doué, comme lui, à doses semblables, d'une intelligence exceptionnelle, et capable de se présenter comme son rival, il aurait avoué, le premier, l'inutilité de ses efforts pour produire des malé-

zas[24] agrias del escepticismo, que no tienen su motivo de ser. El juicio, una vez entrado en la eflorescencia de su energía, imperioso y resolutivo, sin vacilar ni un segundo en las incertitudes irrisorias de una piedad mal situada, como un fiscal general, fatídicamente, las condena. Hay que velar sin descanso por los insomnios purulentos y las pesadillas atrabiliarias. Desprecio y execro el orgullo, y las voluptuosidades infames de una ironía, hecha aguafiestas, que desplaza la justeza del pensamiento.

[21] Algunos caracteres, excesivamente inteligentes, no ha lugar a que lo infirméis con palinodias[25] de un gusto dudoso, se han arrojado, descabelladamente, a los brazos del mal. Es la absenta, sabrosa, no lo creo, mas, nociva, la que mató moralmente al autor de *Rolla*[26]. ¡Ay de los que son glotones! Apenas entra en la edad madura, el aristócrata inglés, su arpa se quiebra bajo los muros de Mesolongi[27], después de no haber recogido a su paso más que las flores que incuban el opio de los lóbregos anonadamientos.

[22] Aunque más grande que los genios ordinarios, si se hubiera encontrado en su tiempo otro poeta, dotado, como él, en dosis semejantes, de una inteligencia excepcional, y capaz de presentarse como su rival, habría confesado, el primero, la inutilidad de sus esfuerzos para producir maldi-

---

[24] *estanza:* «Estrofa formada por más de seis versos endecasílabos y heptasílabos que riman en consonante al arbitrio del poeta, y cuya estructura se repite a lo largo del poema» *(DLE)*.

[25] *palinodia:* «Retractación pública que alguien hace de lo que ha dicho» *(DLE)*. Es lo que aparentemente quiere transmitir Ducasse en el epígrafe de este primer opúsculo. Ya hemos visto que *Poesías* no es una abjuración de *Los Cantos de Maldoror*.

[26] Alfred de Musset. *Rolla* (1833) es un largo poema protagonizado por Jacques Rolla, un joven libertino de París y heredero de una fortuna que despilfarra en una vida disipada, desenfrenada y fatalmente atormentada.

[27] Lord Byron, gran referente de Ducasse, murió el 19 de abril de 1824 en Mesolongi (Grecia) cuando defendía la independencia del país heleno ante el Imperio otomano.

dictions disparates ; et que, le bien exclusif est, seul, déclaré digne, de par la voix de tous les mondes, de s'approprier notre estime. Le fait fut qu'il n'y eut personne pour le combattre avec avantage. Voilà ce qu'aucun n'a dit. Chose étrange ! même en feuilletant les recueils et les livres de son époque, aucun critique n'a songé à mettre en relief le rigoureux syllogisme qui précède. Et ce n'est que celui qui le surpassera qui peut l'avoir inventé. Tant on était rempli de stupeur et d'inquiétude, plutôt que d'admiration réfléchie, devant des ouvrages écrits d'une main perfide, mais qui révélaient, cependant, les manifestations imposantes d'une âme qui n'appartient pas au vulgaire des hommes, et qui se trouvait à son aise dans les conséquences dernières d'un des deux moins obscurs problèmes qui intéressent les cœurs non solitaires[IX] : le bien, le mal. Il n'est pas donné à quiconque d'aborder les extrêmes, soit dans un sens, soit dans un autre. C'est ce qui explique pourquoi, tout en louant, sans arrière-pensée, l'intelligence merveilleuse dont il dénote à chaque instant la preuve, lui, un des quatre ou cinq phares de l'humanité, l'on fait, en silence, ses[X] nombreuses réserves sur les applications et l'emploi injustifiables qu'il en a faits sciemment. Il n'aurait pas dû parcourir les domaines sataniques.

[23] La révolte féroce des Troppmann, des Napoléon Ier, des Papavoine, des Byron, des Victor Noir et des Charlotte Corday sera contenue à distance de mon regard sévère. Ces grands criminels, à des titres si divers, je les écarte d'un

---

IX En el original: *non-solitaires.*

X El uso del adjetivo posesivo «ses» en lugar del demostrativo «ces» es probablemente un error de imprenta como el primero que indica a Victor Hugo en la carta de noviembre de 1868 (véase el Apéndice I).

ciones disparatadas; y que, el bien exclusivo es, solo, declarado digno, por la voz de todos los mundos, de apropiarse de nuestra estima. El hecho fue que no hubo nadie para combatirlo con ventaja. Eso es lo que nadie ha dicho. ¡Cosa extraña! Aun hojeando las recopilaciones y libros de su época, ningún crítico ha pensado en poner de relieve el riguroso silogismo que precede. Y no es más que aquel que lo sobrepasará quien puede haberlo inventado. Tan colmado uno estaba de estupor e inquietud, más que de admiración reflexionada, ante obras escritas por una mano pérfida, pero que revelaban, sin embargo, las manifestaciones imponentes de un alma que no pertenece al común de los hombres, y que se encontraba a sus anchas en las consecuencias últimas de uno de los dos menos oscuros problemas que interesan a los corazones no solitarios: el bien, el mal. No es dado a cualquiera abordar los extremos, sea en un sentido, sea en otro. Esto es lo que explica por qué, mientras se loa, sin segundas intenciones, la inteligencia maravillosa de la que denota a cada instante la prueba, él, uno de los cuatro o cinco faros de la humanidad, se hacen, en silencio, numerosas reservas sobre las aplicaciones y el empleo injustificables que de ella ha hecho a sabiendas. No hubiera debido recorrer los dominios satánicos[28].

[23] La revuelta feroz de los Troppmann, de los Napoleón I, de los Papavoine, de los Byron, de los Victor Noir y de las Charlotte Corday será contenida a distancia de mi mirada severa[29]. A estos grandes criminales, por títulos tan

---

[28] Todo el párrafo (y el anterior) es una referencia a Byron. Ducasse, excusándole de sus errores, se justifica y se excusa a su vez de los suyos propios. Por otro lado, con «dominios satánicos» está pensando más concretamente en el *Manfred* byroniano, texto del que, en su correspondencia, reconoció haberse inspirado (Manfred está confrontado a espíritus demoníacos).

[29] He aquí una muestra del cinismo de Ducasse, quien mezcla en esta lista, la primera de las listas heteróclitas que pueblan *Poesías,* a grandes personajes históricos con criminales de a pie.

geste. Qui croit-on tromper ici, je le demande avec une lenteur qui s'interpose ? Ô dadas de bagne ! Bulles de savon ! Pantins en baudruche ! Ficelles usées ! Qu'ils s'approchent, les Konrad, les Manfred, les Lara, les marins qui ressemblent au Corsaire, les Méphistophélès, les Werther, les Don Juan, les Faust, les Iago, les Rodin, les Caligula, les Caïn, les Iridion, les mégères à l'instar de Colomba, les Ahrimane, les manitous manichéens, barbouillés de cervelle, qui cuvent le sang de leurs victimes dans les pagodes sacrées de l'Hindoustan, le serpent, le crapaud et le crocodile, divinités, considérées comme anormales, de l'antique Égypte, les sorciers et les puissances démoniaques du moyen âge, les Prométhée, les Titans de la mythologie foudroyés par Jupiter, les Dieux Méchants vomis par l'imagination primitive des peuples barbares, — toute la série bruyante des diables en carton. Avec la certitude de les vaincre, je saisis la cravache de l'indignation et de la concentration qui soupèse, et j'attends ces monstres de pied ferme, comme leur dompteur prévu.

[24] Il y a des écrivains ravalés, dangereux loustics, farceurs au quarteron, sombres mystificateurs, véritables aliénés, qui mériteraient de peupler Bicêtre. Leurs têtes crétinisantes, d'où une tuile a été enlevée, créent des fantômes gigantesques, qui descendent au lieu de monter. Exercice scabreux ; gymnastique spécieuse. Passez donc, grotesque muscade. S'il vous plaît, retirez-vous de ma présence, fabricateurs, à la douzaine, de rébus défendus, dans lesquels je n'apercevais pas auparavant, du premier coup, comme au-

diversos, los aparto con un gesto. ¿A quién se cree engañar aquí?, pregunto con una lentitud que se interpone. ¡Oh caballitos de pena! ¡Pompas de jabón! ¡Peleles de tripa! ¡Cuerdas usadas! Que se acerquen[30], los Konrad, los Manfred, los Lara, los marineros que se parecen al Corsario, los Mefistófeles, los Werther, los don Juan, los Fausto, los Yago, los Rodin, los Calígula, los Caín, los Iridion, las arpías cual Colomba, los Arimán, los manitúes maniqueos, embadurnados de sesos, que incuban la sangre de sus víctimas en las pagodas sagradas del Indostán, la serpiente, el sapo y el cocodrilo, divinidades, consideradas como anormales, del antiguo Egipto, los hechiceros y las potencias demoníacas de la Edad Media, los Prometeo, los Titanes de la mitología fulminados por Júpiter, los Dioses Malignos vomitados por la imaginación primitiva de los pueblos bárbaros —toda la serie ruidosa de los diablos de cartón. Con la certitud de vencerlos, empuño la fusta de la indignación y de la concentración que sopesa, y espero a estos monstruos a pie firme, como su domador previsto.

[24] Hay escritores rebajados[31], peligrosos bufones, tramposos de cuarterón[32], sombríos mistificadores, verdaderos alienados, que merecerían poblar Bicêtre[33]. Sus cabezas cretinizantes, de donde una teja ha sido quitada, crean fantasmas gigantescos, que descienden en lugar de ascender. Ejercicio escabroso; gimnasia especiosa. Grotesco abracadabra, pues. Por favor, retiraos de mi presencia, fabricadores, por docenas, de acertijos prohibidos, en los que no percibía antes, a la primera, como hoy, el entresijo de la

---

[30] Aquí, la lista que sigue es de personajes de ficción.

[31] *rebajados:* 'indignos'.

[32] *cuarterón:* 'cuarta parte'. Ducasse utiliza el término para referirse a vendedores que engañan respecto de sus mercancías.

[33] La futura comuna de Le Kremlin-Bicêtre, situada al sur de París, era conocida por su hospital, que había sido hospicio y, luego, manicomio, antes de convertirse en el actual hospital universitario. Este lugar ya aparecía en *Los Cantos de Maldoror.*

jourd'hui, le joint de la solution frivole. Cas pathologique d'un égoïsme formidable. Automates fantastiques : indiquez-vous du doigt, l'un à l'autre, mes enfants, l'épithète qui les remet à leur place.

[25] S'ils existaient, sous la réalité plastique, quelque part, ils seraient, malgré leur intelligence avérée, mais fourbe, l'opprobre, le fiel, des planètes qu'ils habiteraient la honte. Figurez-vous les[XI], un instant, réunis en société avec des substances qui seraient leurs semblables. C'est une succession non interrompue de combats, dont ne rêveront pas les bouledogues[XII], interdits en France, les requins et les macrocéphales-cachalots. Ce sont des torrents de sang, dans ces régions chaotiques pleines d'hydres et de minotaures, et d'où la colombe, effarée sans retour, s'enfuit à tire-d'aile. C'est un entassement de bêtes apocalyptiques, qui n'ignorent pas ce qu'elles font. Ce sont des chocs de passions, d'irréconciliabilités et d'ambitions, à travers les hurlements d'un orgueil qui ne se laisse pas lire, se contient, et dont personne ne peut, même approximativement, sonder les écueils et les bas-fonds.

[26] Mais, ils ne m'en imposeront plus. Souffrir est une faiblesse, lorsqu'on peut s'en empêcher et faire quelque chose de mieux. Exhaler les souffrances d'une splendeur non équilibrée, c'est prouver, ô moribonds des maremmes perverses ! moins de résistance et de courage, encore. Avec ma voix et ma solennité des grands jours, je te rappelle dans mes foyers déserts, glorieux espoir. Viens t'asseoir à mes côtés, enveloppé du manteau des illusions, sur le trépied raisonnable des apaisements. Comme un meuble de rebut,

---

XI Clara muestra de hispanismo.
XII En el original: *boule-dogues*.

solución frívola. Caso patológico de un egoísmo formidable. Autómatas fantásticos: indicaos con el dedo, unos a otros, hijos míos, el epíteto que los devuelve a su lugar.

[25] Si existiesen, bajo la realidad plástica, en alguna parte, serían, a pesar de su inteligencia averada, pero enredosa, el oprobio, la hiel, de los planetas que habitarían la vergüenza. Figuráoslos, un instante, reunidos en sociedad con sustancias que serían sus semejantes. Es una sucesión no interrumpida de combates, con los que no soñarán los bulldogs, prohibidos en Francia[34], los tiburones y los macrocéfalos cachalotes[35]. Son torrentes de sangre, en esas regiones caóticas llenas de hidras y de minotauros, y de donde la paloma blanca, asustada para siempre, huye a todo vuelo. Es un amontonamiento de bestias apocalípticas, que no ignoran lo que hacen. Son choques de pasiones, de irreconciliabilidades[36] y de ambiciones, a través de los aullidos de un orgullo que no se deja leer, se contiene, y del que nadie puede, ni siquiera aproximativamente, sondear los escollos y los bajos fondos.

[26] Pero, ya no me impondrán más. Sufrir es una debilidad, cuando se puede evitar y hacer algo mejor. Exhalar los sufrimientos de un esplendor no equilibrado es probar, ¡oh moribundos de las marismas perversas![37], menos resistencia y coraje, aún. Con mi voz y mi solemnidad de los grandes días, te pido que vuelvas a mis hogares desiertos, gloriosa esperanza. Ven a sentarte a mi lado, envuelta en el manto de las ilusiones, sobre el trípode razonable de los apaciguamientos[38]. Como un mueble de rebús, te saqué de

---

[34] En *Los Cantos,* Maldoror tiene un bulldog, raza canina prohibida en París a raíz de un bando municipal de 1860.

[35] El cachalote forma parte de la fauna presente también en *Los Cantos de Maldoror.*

[36] Mantenemos el neologismo.

[37] Mención a las marismas como hábitat del mosquito anófeles, transmisor del paludismo.

[38] Este trípode razonable se opone al desordenado que aparece en *I,* 12.

je t'ai chassé de ma demeure, avec un fouet aux cordes de scorpions. Si tu souhaites que je sois persuadé que tu as oublié, en revenant chez moi, les chagrins que, sous l'indice des repentirs, je t'ai causés autrefois, crebleu[XIII], ramène alors avec toi, cortège[XIV] sublime, — soutenez-moi, je m'évanouis ! — les vertus offensées, et leurs impérissables redressements.

[27] Je constate, avec amertume, qu'il ne reste plus que quelques gouttes de sang dans les artères de nos époques phtisiques. Depuis les pleurnicheries odieuses et spéciales, brevetées sans garantie d'un point de repère, des Jean-Jacques Rousseau, des Chateaubriand[XV] et des nourrices en pantalon aux poupons Obermann, à travers les autres poètes qui se sont vautrés dans le limon impur, jusqu'au songe de Jean-Paul, le suicide de Dolorès de Veintimilla[XVI], le Corbeau d'Allan, la Comédie Infernale du Polonais, les yeux[XVII] sanguinaires de Zorrilla[XVIII], et l'immortel cancer, Une Charogne, que peignait autrefois, avec amour, l'amant morbide de la Vénus hottentote, les douleurs invraisem-

---

[XIII] Por *sacrebleu*.
[XIV] En el original: *cortége*.
[XV] En el original: *Châteaubriand*.
[XVI] En el original: *Veintemilla*.
[XVII] Valery Larbaud (1914) contempló la posibilidad de que este «yeux» fuera una errata de «dieux» ('dioses').
[XVIII] En el original: *Zorrilla*.

mi morada, con un látigo de cuerdas de escorpiones. Si anhelas que me persuada de que has olvidado, regresando a mi casa, las penas que, bajo el indicio de los arrepentimientos, te causé otrora, diantre, trae entonces contigo, cortejo sublime —¡sostenedme, me desvanezco!—, las virtudes ofendidas, y sus imperecederos enderezamientos.

[27] Constato, con amargura, que ya no restan más que unas pocas gotas de sangre en las arterias de nuestras épocas tísicas. Desde los lloriqueos odiosos y especiales, patentados sin garantía de un punto de referencia, de los Jean-Jacques Rousseau, de los Chateaubriand y de las nodrizas con pantalones para bebés Obermann[39], a través de los otros poetas que se han restregado en el limo[40] impuro, hasta el sueño de Jean-Paul, el suicidio de Dolores Veintimilla, el Cuervo de Allan[41], la Comedia Infernal del polaco[42], los ojos sanguinarios de Zorrilla[43], y el inmortal cáncer, Una Carroña, que pintó otrora, con amor, el amante mórbido de la Venus hotentota[44], los dolores inverosímiles

---

[39] Diríase que alude a George Sand, que gustaba de vestirse de hombre.

[40] *limo:* 'lodo'.

[41] Edgar Allan Poe.

[42] *La comedia infernal* o *La no divina comedia* (1835) es un poema en prosa del escritor polaco Zygmunt Krasinski, de influencias dantescas, donde retrata la tragedia de un anquilosado mundo aristocrático derrotado y sustituido por un nuevo orden de comunismo y democracia.

[43] Pocas dudas caben, a nuestro entender, acerca de que se trata de nuestro José Zorrilla, cuyos ojos sanguinarios aluden seguramente a momentos de sus *Leyendas,* y en particular a los *Cantos del Trovador* —título que, dicho sea de paso, bien podría estar en el origen del de los de Maldoror—, y donde las escenas sanguinarias tienen cierto protagonismo.

[44] Referencia al poema «Una carroña», de Charles Baudelaire *(Las flores del mal,* ed. de 1861), a cuya amante, Jeanne Duval, de origen haitiano, llamaba su «Venus Negra». Ahora bien, la conocida como «Venus hotentota» fue Saartjie Baartman, nacida en 1789 y expuesta en ferias desde 1810 hasta 1815, fecha de su muerte. Su esqueleto fue reconstruido y sus órganos principales colocados en formalina. Todo se exhibió en diferentes museos (Steinmetz, 2009: 667).

blables que ce siècle s'est créées à lui-même, dans leur voulu monotone et dégoûtant, l'ont rendu poitrinaire. Larves absorbantes dans leurs engourdissements insupportables !

[28] Allez, la musique.

[29] Oui, bonnes gens, c'est moi qui vous ordonne de brûler, sur une pelle, rougie au feu, avec un peu de sucre jaune, le canard du doute, aux lèvres de vermouth, qui, répandant, dans une lutte mélancolique entre le bien et le mal, des larmes qui ne viennent pas du cœur, sans machine pneumatique, fait, partout, le vide universel. C'est ce que vous avez de mieux à faire.

[30] Le désespoir, se nourrissant avec un parti pris, de ses fantasmagories, conduit imperturbablement le littérateur à l'abrogation en masse des lois divines et sociales, et à la méchanceté théorique et pratique. En un mot, fait prédominer le derrière humain dans les raisonnements. Allez, et passez-moi le mot ! L'on devient méchant, je le répète, et les yeux prennent la teinte des condamnés à mort. Je ne retirerai pas ce que j'avance. Je veux que ma poésie puisse être lue par une jeune fille de quatorze ans.

[31] La vraie douleur est incompatible avec l'espoir. Pour si grande que soit cette douleur, l'espoir, de cent coudées, s'élève plus haut encore. Donc, laissez-moi tranquille avec les chercheurs. À bas, les pattes, à bas, chiennes cocasses, faiseurs d'embarras, poseurs ! Ce qui souffre, ce qui

que este siglo se ha creado a sí mismo, en su voluntad monótona y asquerosa, lo han vuelto tísico. ¡Larvas absorbentes en sus entumecimientos insoportables!

[28] Vamos, la música.

[29] Sí, buenas gentes, soy yo quien os ordena quemar, sobre una paleta, enrojecida al fuego, con un poco de azúcar de caña, el terrón de la duda[45], con labios de vermú, que, derramando, en una lucha melancólica entre el bien y el mal, lágrimas que no vienen del corazón, sin máquina neumática[46], hace, dondequiera, el vacío universal. Es lo mejor que podéis hacer.

[30] La desesperanza, nutriéndose con ideas preconcebidas, de sus fantasmagorías, conduce imperturbablemente al literato a la abrogación en masa de las leyes divinas y sociales, y a la maldad teórica y práctica. En una palabra, hace predominar el trasero humano en los razonamientos. ¡Vamos, y válgame la expresión! Uno se vuelve malvado, lo repito, y los ojos toman el tinte de los condenados a muerte. No retiraré lo que afirmo. Quiero que mi poesía pueda ser leída por una joven de catorce años[47].

[31] El verdadero dolor es incompatible con la esperanza. Por muy grande que sea ese dolor, la esperanza, de cien codos, se eleva más alto aún. Así, dejadme tranquilo con los buscadores. ¡Abajo, las patas, abajo, perras chistosas, creadoras de embarazo, postureadores![48]. Lo que sufre, lo

---

[45] En francés, uno de los significados de *canard* es el de 'terrón de azúcar con licor' (en este caso con vermú). También puede significar un chismorreo.

[46] Una máquina de este tipo sirve para hacer el vacío.

[47] Sade encabeza *La filosofía en el tocador* con el siguiente epígrafe: «La mère en prescrira la lecture à sa fille» [«La madre prescribirá esta lectura a su hija»]. Estas y otras referencias a niños y jóvenes, así como momentos de manifiesta violencia, hacen que Sade planee sobre el texto, de la misma manera que lo hacía en *Maldoror*.

[48] Si en *I*, 8, hemos podido modificar sintácticamente el texto original para evitar utilizar el neologismo, aquí se hace mucho más compli-

dissèque les mystères qui nous entourent, n'espère pas. La poésie qui discute les vérités nécessaires est moins belle que celle qui ne les discute pas. Indécisions à outrance, talent mal employé, perte de temps : rien ne sera plus facile à vérifier.

[32] Chanter Adamastor, Jocelyn, Rocambole, c'est puéril. Ce n'est même que parce que l'auteur espère que le lecteur sous-entend qu'il pardonnera à ses héros fripons, qu'il se trahit lui-même et s'appuie sur le bien pour faire passer la description du mal. C'est au nom de ces mêmes vertus que Frank a méconnues, que nous voulons bien le supporter, ô saltimbanques des malaises incurables.

[33] Ne faites pas comme ces explorateurs sans pudeur, magnifiques, à leurs yeux, de mélancolie, qui trouvent des choses inconnues dans leur esprit et dans leur corps !

[34] La mélancolie et la tristesse sont déjà le commencement du doute ; le doute est le commencement du désespoir ; le désespoir est le commencement cruel des différents degrés de la méchanceté. Pour vous en convaincre, lisez la *Confession d'un enfant du siècle*. La pente est fatale, une fois qu'on s'y engage. Il est certain qu'on arrive à la méchanceté. Méfiez-vous de la pente. Extirpez le mal par la racine. Ne flattez pas le culte d'adjectifs tels que indescriptible, inénarrable, rutilant, incomparable, colossal, qui mentent sans

que diseca los misterios que nos rodean, no espera. La poesía que discute las verdades necesarias es menos bella que la que no las discute. Indecisiones a ultranza, talento mal empleado, pérdida de tiempo: nada será más fácil de verificar.

[32] Cantar a Adamastor, a Jocelyn, a Rocambole, es pueril. No es siquiera porque el autor espera que el lector sobreentienda que perdonará a sus héroes bribones por lo que se traiciona a sí mismo y se apoya en el bien para hacer pasar la descripción del mal. Es en nombre de esas mismas virtudes que Frank ha ignorado, por lo que estamos dispuestos a soportarlo, oh saltimbanquis de malestares incurables.

[33] ¡No hagáis como esos exploradores sin pudor, magníficos, a sus ojos, de melancolía, que encuentran cosas desconocidas en su espíritu y en su cuerpo!

[34] La melancolía y la tristeza son ya el comienzo de la duda; la duda es el comienzo de la desesperanza; la desesperanza es el comienzo cruel de los diferentes grados de la maldad. Para convenceros de ello, leed la *Confesión de un hijo del siglo*[49]. La pendiente es fatal, una vez que uno la emprende. Es seguro que se llega a la maldad. Desconfiad de la pendiente. Extirpad el mal de raíz[50]. No aduléis el culto de adjetivos tales como indescriptible, inenarrable, rutilante, incomparable, colosal, que mienten sin vergüen-

---

cado so pena de cargar la frase con una subordinación adjetiva especificativa.

[49] En 1836, Musset publicó esta novela que cuenta el desconcierto de los jóvenes de su generación después de los episodios revolucionarios de julio de 1830 conocidos como Tres Gloriosas.

[50] Para Ducasse, esta raíz se encuentra en las máximas de los moralistas y en las dicciones de ellas derivadas. Es ahí donde los sentimientos toman su forma, verdadera «mancha de sangre intelectual» *(I, 53)* con la que va a cerrar este primer opúsculo, para dar paso a un segundo donde la transformación de esas máximas se convierte en el motor discursivo.

vergogne aux substantifs qu'ils défigurent : ils sont poursuivis par la lubricité.

[35] Les intelligences de deuxième ordre, comme Alfred de Musset, peuvent pousser rétivement une ou deux de leurs facultés beaucoup plus loin que les facultés correspondantes des intelligences de premier ordre, Lamartine, Hugo. Nous sommes en présence du déraillement d'une locomotive surmenée. C'est un cauchemar qui tient la plume. Apprenez que l'âme se compose d'une vingtaine de facultés. Parlez-moi de ces mendiants qui ont un chapeau grandiose, avec des haillons sordides !

[36] Voici un moyen de constater l'infériorité de Musset sous les deux poètes. Lisez, devant une jeune fille, *Rolla* ou *les Nuits, les Fous* de Cobb, sinon les portraits de Gwynplaine et de Dea, ou le Récit de Théramène d'Euripide, traduit en vers français par Racine le père. Elle tressaille, fronce les sourcils, lève et abaisse les mains, sans but déterminé, comme un homme qui se noie ; les yeux jetteront

za a los sustantivos que desfiguran: son perseguidos por la lubricidad[51].

[35] Las inteligencias de segundo orden, como Alfred de Musset, pueden llevar reaciamente[52] una o dos de sus facultades mucho más lejos que las facultades correspondientes a las inteligencias de primer orden, Lamartine, Hugo. Estamos en presencia del descarrilamiento de una locomotora exhausta. Es una pesadilla lo que sostiene la pluma. Enteraos de que el alma se compone de una veintena de facultades. ¡Habladme de esos mendigos que tienen un sombrero grandioso, con harapos sórdidos!

[36] He aquí un medio de constatar la inferioridad de Musset ante los dos poetas[53]. Leed, delante de una joven, *Rolla* o *Las noches*[54], *Les fous* de Cobb, si no los retratos de Gwynplaine y de Dea, o el Relato de Terámenes de Eurípides, traducido en verso francés por Racine padre[55]. Ella se estremece, frunce el ceño, sube y baja las manos, sin meta determinada, como un hombre que se ahoga; los ojos lan-

---

[51] Ninguno de estos adjetivos aparece en la obra de Musset, por lo que su cita parece más una defensa que una crítica. *Confesión de un hijo del siglo* es una de las fuentes de toda la producción literaria de Lautréamont. Esto ayuda a interpretar mejor el párrafo siguiente, así como la ironía no solo de la primera frase de *I, 36* —pues la crítica a Musset se dirige primordialmente a su obra poética—, sino de todo ese pensamiento, verdadero paradigma de la ironía.

[52] «Rétivement» (de «rétif») es un adverbio modal inexistente en francés, igual que «reaciamente» en español.

[53] Lamartine y Hugo.

[54] De nuevo Musset y su *Rolla,* esta vez acompañado de *Las noches.* De las cuatro *Noches* de Musset, Ducasse fue especialmente sensible a «La noche de mayo», que contiene el episodio del pelícano (véanse *I, 49* y 50).

[55] Subrayar que se trata del padre es disparar esta vez contra su séptimo hijo, el poeta Louis Racine. Por otro lado, el relato de Terámenes de la *Fedra* de Racine está lejos de ser una simple traducción del pasaje de la muerte del protagonista de la tragedia euripidea *Hipólito* (Steinmetz, 2009: 668).

des lueurs verdâtres. Lisez-lui la *Prière pour tous,* de Victor Hugo. Les effets sont diamétralement opposés. Le genre d'électricité n'est plus le même. Elle rit aux éclats, elle en demande davantage.

[37] De Hugo, il ne restera que les poésies sur les enfants, où se trouve beaucoup de mauvais.

[38] *Paul et Virginie* choque nos aspirations les plus profondes au bonheur. Autrefois, cet épisode qui broie du noir de la première à la dernière page, surtout le naufrage final, me faisait grincer des dents. Je me roulais sur le tapis et donnais des coups de pied à mon cheval en bois. La description de la douleur est un contresens. Il faut faire voir tout en beau. Si cette histoire était racontée dans une simple biographie, je ne l'attaquerais point. Elle change tout de suite de caractère. Le malheur devient auguste par la volonté impénétrable de Dieu qui le créa. Mais l'homme ne doit pas créer le malheur dans ses livres. C'est ne vouloir, à toutes forces, considérer qu'un seul côté des choses. Ô hurleurs maniaques que vous êtes !

[39] Ne reniez pas l'immortalité de l'âme, la sagesse de Dieu, la grandeur de la vie, l'ordre qui se manifeste dans l'univers, la beauté corporelle, l'amour de la famille, le mariage, les institutions sociales. Laissez de côté les écrivassiers

zarán resplandores verdosos. Leedle *La oración para todos*[56], de Victor Hugo. Los efectos son diametralmente opuestos. El género de electricidad no es ya el mismo. Ella se ríe a carcajadas, ella pide más.

[37] De Hugo, no restará más que las poesías sobre niños, donde hay mucho malo[57].

[38] *Pablo y Virginia*[58] contraría nuestras aspiraciones más profundas a la dicha. Otrora, este episodio que destila negrura de la primera a la última página, sobre todo el naufragio final, me hacía rechinar los dientes. Me revolcaba sobre la alfombra y daba puntapiés a mi caballo de madera. La descripción del dolor es un contrasentido. Hay que hacer que todo se vea bello. Si esta historia estuviese contada en una simple biografía, no la atacaría en absoluto. Cambia inmediatamente de carácter. La desdicha se vuelve augusta por la voluntad impenetrable de Dios que la creó. Mas el hombre no debe crear la desdicha en sus libros. Es no querer, a toda costa, considerar más que un lado de las cosas. ¡Oh chillones maníacos[59] que sois!

[39] No reneguéis de la inmortalidad del alma, la sabiduría de Dios, la grandeza de la vida, el orden que se manifiesta en el universo, la belleza corporal, el amor de la familia, el matrimonio, las instituciones sociales. ¡Dejad de lado

---

[56] Poema que forma parte de *Las hojas de otoño* (1831) y donde Hugo opone el día (el mal) a la noche (el bien). En el aforismo del mismo número de *Poesías II* vuelve a aludir a *Las hojas de otoño*.

[57] Aquí salta de la ironía anterior al sarcasmo y a la burla directa.

[58] Novela de Jacques-Henri Bernardin de Saint-Pierre publicada en 1787. El episodio de la muerte de Virginia, que no podrá ser salvada por negarse a despojarse de su vestimenta, es, para Ducasse, un escándalo literario. Nuestro autor hubiera podido aceptar esta muerte si hubiese sido real (no se lucha contra las leyes de Dios), pero rechaza que Bernardin de Saint-Pierre haya inventado semejante ficción. Esta escena le inspiró en *Los Cantos de Maldoror* (II, 13).

[59] Probable referencia al *poema bárbaro* «Les Hurleurs» (1871) de Leconte de Lisle.

funestes : Sand, Balzac, Alexandre Dumas, Musset, Du Terrail, Féval, Flaubert, Baudelaire, Leconte et la *Grève des Forgerons* !

[40] Ne transmettez à ceux qui vous lisent que l'expérience qui se dégage de la douleur, et qui n'est plus la douleur elle-même. Ne pleurez pas en public.

[41] Il faut savoir arracher des beautés littéraires jusque dans le sein de la mort ; mais ces beautés n'appartiendront pas à la mort. La mort n'est ici que la cause occasionnelle. Ce n'est pas le moyen, c'est le but, qui n'est pas elle.

[42] Les vérités immuables et nécessaires, qui font la gloire des nations, et que le doute s'efforce en vain[XIX] d'ébranler, ont commencé depuis les âges. Ce sont des choses auxquelles on ne devrait pas toucher. Ceux qui veulent faire de l'anarchie en littérature, sous prétexte de nouveau, tombent dans le contresens[XX]. On n'ose pas attaquer Dieu ; on attaque l'immortalité de l'âme. Mais, l'immortalité de l'âme, elle aussi, est vieille comme les assises du monde. Quelle autre croyance la remplacera, si elle doit être remplacée ? Ce ne sera pas toujours une négation.

[43] Si l'on se rappelle la vérité d'où découlent toutes les autres, la bonté absolue de Dieu et son ignorance absolue du mal, les sophismes s'effondreront d'eux-mêmes. S'effondrera, dans un temps pareil, la littérature peu poétique qui s'est appuyée sur eux. Toute littérature qui discute les axiomes[XXI] éternels est condamnée à ne vivre que d'elle-

---

XIX En el original: *envain*.
XX En el original: *contre-sens*.
XXI En el original: *axiômes*.

a los escritorzuelos funestos: Sand, Balzac, Alexandre Dumas, Musset, Du Terrail, Féval, Flaubert, Baudelaire, Leconte y la *Huelga de los herreros!*[60].

[40] No transmitáis a los que os leen más que la experiencia que se desprende del dolor, y que no es ya el dolor mismo. No lloréis en público.

[41] Hay que saber arrancar bellezas literarias hasta del seno de la muerte; pero estas bellezas no pertenecerán a la muerte. La muerte no es aquí más que la causa ocasional. No es el medio, es la meta, que no es ella[61].

[42] Las verdades inmutables y necesarias, que hacen la gloria de las naciones, y que la duda se esfuerza en vano por sacudir, empezaron de antiguo. Son cosas que no se deberían tocar. Los que quieren hacer anarquía en literatura[62], so pretexto de novedad, caen en el contrasentido. No se osa atacar a Dios; se ataca a la inmortalidad del alma. Mas la inmortalidad del alma, ella también, es vieja como los asientos del mundo. ¿Qué otra creencia la reemplazará, si debe ser reemplazada? No será siempre una negación[63].

[43] Si uno se acuerda de la verdad de donde dimanan todas las otras, la bondad absoluta de Dios y su ignorancia absoluta del mal, los sofismas se derrumbarán por sí mismos. Se derrumbará, en un tiempo parejo, la literatura poco poética que se ha apoyado en ellos. Toda literatura que discute los axiomas eternos está condenada a no vivir

---

[60] Este largo poema (más de doscientos versos) de François Coppée (1869) contestaba el derecho a la huelga y acababa de ser muy criticado en la revista *L'Avenir,* de uno de los dedicatarios de *Poesías I,* Frédéric Damé.

[61] Este párrafo anuncia la poesía irracional de las vanguardias de principios del siglo xx, en especial del surrealismo.

[62] Distinción entre los literatos de la anarquía y los políticos de la anarquía. Por tanto, no hay nada que confirme la visión de un Ducasse revolucionario.

[63] Llamativa (auto)referencia al uso, tan recurrente en *Poesías,* de la negación.

même. Elle est injuste. Elle se dévore le foie. Les *novissima Verba* font sourire superbement les gosses sans mouchoir de la quatrième. Nous n'avons pas le droit d'interroger le Créateur sur quoi que ce soit.

[44] Si vous êtes malheureux, il ne faut pas le dire au lecteur. Gardez cela pour vous.

[45] Si on corrigeait les sophismes dans le sens des vérités correspondantes à ces sophismes, ce n'est que la correction qui serait vraie ; tandis que la pièce ainsi remaniée, aurait le droit de ne plus s'intituler fausse. Le reste serait hors du vrai, avec trace de faux, par conséquent nul, et considéré, forcément, comme non avenu.

[46] La poésie personnelle a fait son temps de jongleries relatives et de contorsions contingentes. Reprenons le fil indestructible de la poésie impersonnelle, brusquement interrompu depuis la naissance du philosophe manqué de Ferney, depuis l'avortement du grand Voltaire.

[47] Il paraît beau, sublime, sous prétexte d'humilité ou d'orgueil, de discuter les causes finales, d'en fausser les conséquences stables et connues. Détrompez-vous, parce qu'il n'y a rien de plus bête ! Renouons la chaîne régulière avec les temps passés ; la poésie est la géométrie par excellence. Depuis Racine, la poésie n'a pas progressé d'un millimètre. Elle a reculé. Grâce à qui ? aux Grandes-

más que de sí misma. Es injusta. Se devora el hígado. Los *Novissima Verba*[64] hacen sonreír soberbiamente a los críos sin pañuelos de segundo de secundaria. No tenemos el derecho de interrogar al Creador sobre lo que sea.

[44] Si sois desdichados, no hay que decirlo al lector. Guardadlo para vosotros.

[45] Si se corrigieran los sofismas en el sentido de las verdades correspondientes a esos sofismas, no más que la corrección sería verdadera; mientras que la pieza así reelaborada tendría el derecho de ya no intitularse falsa. El resto quedaría fuera de lo verdadero, con traza de falso, por consiguiente nulo, y considerado, forzosamente, como si no hubiera existido.

[46] La poesía personal ha tenido su tiempo de malabarismos relativos y de contorsiones contingentes. Retomemos el hilo indestructible de la poesía impersonal, bruscamente interrumpido desde el nacimiento del filósofo fallido de Ferney[65], desde el aborto del gran Voltaire.

[47] Parece bello, sublime, so pretexto de humildad o de orgullo, discutir las causas finales, falsear sus consecuencias estables y conocidas. ¡Desengañaos, porque nada hay más tonto! Reanudemos la cadena regular con los tiempos pasados; la poesía es la geometría[66] por excelencia. Desde Racine, la poesía no ha progresado ni un milímetro[67]. Ha recu-

---

64 Los *novissima verba* designan a la vez las últimas palabras del moribundo y su elogio fúnebre confiado a un amigo fiel. Estuvieron muy presentes en la poesía francesa del XIX, principalmente en Hugo y en Lamartine, y fascinaron al surrealista Louis Aragon.

65 Voltaire adquirió una propiedad en Ferney, cerca de la frontera con Suiza, para así poder escapar de un país a otro cuando le persiguieran.

66 Tal poesía geométrica es una audacia de Ducasse que parece remitirnos a cómo redactó Spinoza su *Ética (Ethica ordine geometrico demonstrata)*.

67 Racine fue siempre utilizado como el referente de la poesía. Rimbaud escribió en *Las cartas del vidente* (1871): «Après Racine, le jeu moisit» [«Después de Racine, el teatro enmohece»].

Têtes-Molles de notre époque. Grâce aux femmelettes, Châteaubriand^{XXII}, le Mohican-Mélancolique ; Senancour^{XXIII}, l'Homme-en-Jupon ; Jean-Jacques Rousseau, le Socialiste-Grincheur ; Anne Radcliffe, le Spectre-Toqué ; Edgar Poe^{XXIV}, le Mameluck-des-Rêves-d'Alcool ; Maturin, le Compère-des- Ténèbres ; George^{XXV} Sand, l'Hermaphrodite-Circoncis ; Théophile Gautier, l'Incomparable-Épicier ; Leconte, le Captif-du-Diable ; Goethe^{XXVI}, le Suicidé-pour-Pleurer ; Sainte-Beuve, le Suicidé-pour-Rire ; Lamartine, la Cigogne-Larmoyante ; Lermontov, le Tigre-qui-Rugit ; Victor Hugo, le Funèbre-Échalas-Vert ; Mickiewicz^{XXVII}, l'Imitateur-de-Satan ; Musset, le Gandin-Sans-Chemise-Intellectuelle ; et Byron, l'Hippopotame-des-Jungles-Infernales.

[48] Le doute a existé de tout temps en minorité. Dans ce siècle, il est en majorité. Nous respirons la violation du devoir par les pores. Cela ne s'est vu qu'une fois ; cela ne se reverra plus.

[49] Les notions de la simple raison sont tellement obscurcies à l'heure qu'il est, que, la première chose que font les professeurs de quatrième, quand ils apprennent à faire des vers latins à leurs élèves, jeunes poètes dont la lèvre est

---

XXII   En el original: *Châteaubriand*.
XXIII   En el original: *Sénancourt*.
XXIV   En el original: *Poë*.
XXV   En el original: *Georges*.
XXVI   En el original: *Gœthe*.
XXVII   En el original: *Misçkiéwicz*.

lado. ¿Gracias a quién? A los Grandes-Cabezas-de-Chorlito de nuestra época. Gracias a las nenazas[68], Chateaubriand, el Mohicano-Melancólico; Senancour, el Hombre-con-Enaguas; Jean-Jacques Rousseau, el Socialista-Granuja; Anne Radcliffe, el Espectro-Chiflado; Edgar Poe, el Mameluco-de-los-Sueños-de-Alcohol; Maturin, el Compadre-de-las-Tinieblas; George Sand, el Hermafrodita-Circunciso; Théophile Gautier, el Incomparable-Tendero; Leconte, el Cautivo-del-Diablo; Goethe, el Suicida-para-Llorar; Sainte-Beuve, el Suicida-para-Reír; Lamartine, la Cigüeña-Llorona; Lermontov, el Tigre-que-Ruge; Victor Hugo, el Fúnebre-Zanquilargo-Verde; Mickiewicz, el Imitador-de-Satán; Musset, el Caballerete-Sin-Camisa-Intelectual; y Byron, el Hipopótamo-de-las-Junglas-Infernales[69].

[48] La duda ha existido en todos los tiempos en minoría. En este siglo, está en mayoría. Respiramos la violación del deber por los poros. Esto no se ha visto más que una vez; esto no volverá a verse más.

[49] Las nociones de la simple razón están tan oscurecidas a estas alturas, que, lo primero que hacen los profesores de segundo de secundaria cuando enseñan a hacer versos latinos[70] a sus alumnos, jóvenes poetas cuyo labio está hu-

---

[68] Si bien se inspira en el prefacio al *Dictionnaire de l'Académie Française* de 1835 (véase la nota al pie en *I*, 15), la voz francesa «femmelette» es utilizada aquí de manera más despectiva.

[69] Se ha especulado bastante sobre la elección de estos remoquetes. Si en unos casos se refiere a algún personaje creado por los aludidos, como en el caso de Chateaubriand (la india Atala), en otros el sobrenombre se dirige a su persona, y no siempre de manera evidente, como ocurre con Byron, cuyo alias procedería de su doble condición de excelente nadador y caballero, lo que le vincula a la etimología griega de *hippopotamos*: 'caballo del río'. Sea como fuere, no podemos pasar por alto el poema «Un jeune qui s'en va» de Tristan Corbière, donde también apoda a algunos de estos mismos literatos. Para un análisis completo de estos motes, véase Steinmetz (2009: 669-670).

[70] Práctica propia de los estudios clásicos. Más rara es la referente a los versos hebreos del párrafo siguiente, aunque no está de más recordar que

humectée du lait maternel, c'est de leur dévoiler par la pratique le nom d'Alfred de Musset. Je vous demande un peu, beaucoup ! Les professeurs de troisième, donc, donnent, dans leurs classes à traduire, en vers grecs, deux sanglants épisodes. Le premier, c'est la repoussante comparaison du pélican. Le deuxième, sera l'épouvantable catastrophe arrivée à un laboureur. À quoi bon regarder le mal ? N'est-il pas en minorité ? Pourquoi pencher la tête d'un lycéen sur des questions qui, faute de n'avoir pas été comprises, ont fait perdre la leur à des hommes tels que Pascal et Byron ?

[50] Un élève m'a raconté que son professeur de seconde avait donné à sa classe, jour par jour, ces deux charognes à traduire en vers hébreux. Ces plaies de la nature animale et humaine le rendirent malade pendant un mois, qu'il passa à l'infirmerie. Comme nous nous connaissions, il me fit demander par sa mère. Il me raconta, quoique avec naïveté, que ses nuits étaient troublées par des rêves de persistance. Il croyait voir une armée de pélicans qui s'abattaient sur sa poitrine, et la lui déchiraient. Ils s'envolaient ensuite vers une chaumière en flammes. Ils mangeaient la femme du laboureur et ses enfants. Le corps noirci de brûlures, le laboureur sortait de la maison, engageait avec les pélicans un combat atroce. Le tout se précipitait dans la chaumière, qui retombait en éboulements. De la masse soulevée des décombres — cela ne ratait jamais — il voyait sortir son professeur de seconde, tenant d'une main son cœur, de l'autre

medecido con leche materna, es revelarles por la práctica el nombre de Alfred de Musset. ¡Ya os vale! Los profesores de tercero, pues, dan en sus clases a traducir en versos griegos dos sangrientos episodios. El primero es la repugnante comparación del pelícano. El segundo será la espantosa catástrofe ocurrida a un labrador[71]. ¿Para qué mirar el mal? ¿No está en minoría? ¿Por qué inclinar la cabeza de un colegial sobre cuestiones que, al no haber sido comprendidas, hicieron perder la suya a hombres tales como Pascal y Byron?[72].

[50] Un alumno me ha contado que su profesor de cuarto de secundaria había dado a su clase, día tras día, estas dos carroñas a traducir en versos hebreos. Esas llagas de la naturaleza animal y humana lo pusieron malo durante un mes, que pasó en la enfermería. Como nos conocíamos, me mandó llamar por su madre. Me contó, aunque con ingenuidad, que sus noches eran perturbadas por sueños de persistencia. Creía ver un ejército de pelícanos que se abalanzaban sobre su pecho, y se lo desgarraban. Echaban luego a volar hacia una choza en llamas. Se comían a la mujer del labrador y a sus niños[73]. El cuerpo ennegrecido de quemaduras, el labrador salía de la casa, entablaba con los pelícanos un combate atroz. El todo se precipitaba en la choza, que se desmoronaba. Del elevado montón de escombros —esto no fallaba nunca— veía salir a su profesor de cuarto, sosteniendo en una mano su corazón, en la otra

---

uno de los dedicatarios de *Poesías I* es su profesor de retórica, Hinstin, que era hebreo.

[71] Vuelve Ducasse a este pasaje de «La noche de mayo» de Musset, que desarrollará en el siguiente bajo la forma de una pesadilla a partir de otra fuente del mismo poeta (véase la nota XXVIII).

[72] Poner al mismo nivel a Pascal y Byron parece certificar la admiración profesada por Ducasse hacia el científico y pensador galo.

[73] Referencia a la fábula de La Fontaine «Le laboureur et ses enfants», traducida normalmente como «El labriego y sus hijos» o «Los hijos del labriego».

une feuille de papier où l'on déchiffrait, en traits de soufre, la comparaison du pélican et celle du laboureur, telles que Musset lui-même les a composées[XXVIII]. Il ne fut pas facile, au premier abord, de pronostiquer son genre de maladie. Je lui recommandai de se taire soigneusement, et de n'en parler à personne, surtout pas à son professeur de seconde[XXIX]. Je conseillai à sa mère de le prendre quelques jours chez elle, en assurant que cela se passerait. En effet, j'avais soin d'arriver chaque jour pendant quelques heures, et cela se passa.

[51] Il faut que la critique attaque la forme, jamais le fond de vos idées, de vos phrases. Arrangez-vous.

[52] Les sentiments sont la forme de raisonnement la plus incomplète qui se puisse imaginer[XXX].

[53] Toute l'eau de la mer ne suffirait pas à laver une tache de sang intellectuelle.

[XXVIII] En «Lettre à M. de Lamartine» *(Poésies nouvelles,* 1850), de Musset, leemos: «Lorsque le laboureur, regagnant sa chaumière, / Trouve le soir son champ rasé par le tonnerre [...]» [«Cuando el labrador, regresando a su choza, / Por la noche encuentra su campo arrasado por el trueno»].

[XXIX] En el original: *surtout à son professeur de seconde.*

[XXX] El empleo del pronombre «se» en lugar de «on» es un hispanismo.

una hoja de papel en la que se descifraba, con trazos de azufre, la comparación del pelícano y la del labrador, tales como Musset mismo las compuso. No fue fácil, en un principio, pronosticar su género de enfermedad. Le recomendé que callara cuidadosamente, y que no hablara de ello a nadie, menos aún a su maestra de noveno. Aconsejé a su madre tenerlo por unos días en su casa, asegurando que aquello pasaría. En efecto, tuve el cuidado de ir todos los días durante algunas horas, y aquello pasó.

[51] Hace falta que la crítica ataque la forma, jamás el fondo de vuestras ideas, de vuestras frases. Arregláoslas.

[52] Los sentimientos son la forma de razonamiento más incompleta que se pueda imaginar.

[53] Toda el agua del mar no bastaría para lavar una mancha de sangre intelectual[74].

---

[74] Alusión a la mancha de sangre que obsesiona a *lady* Macbeth en la primera escena del acto quinto del *Macbeth* de Shakespeare. Asimismo, esta frase se utilizó a menudo por los surrealistas como particular *bula de excomunión*.

ISIDORE DUCASSE

POESIES

— II —

PRIX : UN FRANC

PARIS

JOURNAUX POLITIQUES ET LITTÉRAIRES

LIBRAIRIE GABRIE

Passage Verdeau, 25

—

1870

POESÍAS
II

———

POÉSIES
II

[1] Le génie garantit les facultés du cœur^{XXXI}.

[2] L'homme n'est pas moins immortel que l'âme.

[3] Les grandes pensées viennent de la raison^{XXXII} !

[4] La fraternité n'est pas un mythe.

[5] Les enfants qui naissent ne connaissent rien de la vie, pas même la grandeur.

[6] Dans le malheur, les amis augmentent^{XXXIII}.

[7] Vous qui entrez, laissez tout désespoir.

[8] Bonté, ton nom est homme.

[9] C'est ici que demeure la sagesse des nations.

[10] Chaque fois que j'ai lu Shakespeare^{XXXIV}, il m'a semblé que je déchiquette^{XXXV} la cervelle d'un jaguar.

[11] J'écrirai mes pensées avec ordre, par un dessein sans confusion. Si elles sont justes, la première venue sera la conséquence des autres. C'est le véritable ordre. Il marque mon objet par le désordre calligraphique. Je ferais trop de déshonneur à mon sujet, si je ne le traitais pas avec ordre. Je veux montrer qu'il en est capable^{XXXVI}.

[12] Je n'accepte pas le mal. L'homme est parfait. L'âme ne tombe pas. Le progrès existe. Le bien est irréductible.

XXXI V124.
XXXII V127.
XXXIII V17.
XXXIV En el original: *Shakspeare*.
XXXV En el original: *déchiquète*.
XXXVI P472.

[1] El genio garantiza las facultades del corazón.

[2] El hombre no es menos inmortal que el alma.

[3] ¡Los grandes pensamientos vienen de la razón!⁷⁵.

[4] La fraternidad no es un mito.

[5] Los niños que nacen no conocen nada de la vida, ni siquiera la grandeza.

[6] En la desdicha, los amigos aumentan.

[7] Vosotros que entráis, dejad toda desesperanza⁷⁶.

[8] Bondad, tu nombre es hombre⁷⁷.

[9] Es aquí donde mora la sabiduría de las naciones.

[10] Cada vez que he leído a Shakespeare, me ha parecido que despedazo el cerebro de un jaguar.

[11] Escribiré mis pensamientos con orden, por un designio sin confusión. Si son justos, el primero en venir será la consecuencia de los otros. Es el verdadero orden. Marca mi objeto por el desorden caligráfico. Haría demasiado deshonor a mi sujeto⁷⁸, si no lo tratase con orden. Quiero mostrar que es capaz de ello.

[12] No acepto el mal. El hombre es perfecto. El alma no cae. El progreso existe. El bien es irreductible. Los anti-

---

⁷⁵ Este aforismo, junto al que inicia este segundo opúsculo, al ser reescrituras de sendos de Vauvenargues, son buena prueba de lo explicado en el aparato crítico y no constituyen un ejercicio huérfano, por decirlo de alguna forma, de marco teórico, sino que están amparadas por *I, 45.*

⁷⁶ Frase que invierte la que Dante sitúa a la entrada de su *Infierno:* «Abandonad *toda esperanza,* quienes *aquí entráis».*

⁷⁷ «Fragilidad, tu nombre es mujer» *(Hamlet,* I, 2).

⁷⁸ *sujeto:* 'tema, asunto, materia'.

Les antéchrists, les anges accusateurs, les peines éternelles, les religions sont le produit du doute.

[13] Dante, Milton, décrivant hypothétiquement les landes infernales, ont prouvé que c'étaient des hyènes de première espèce. La preuve est excellente. Le résultat est mauvais. Leurs ouvrages ne s'achètent pas.

[14] L'homme est un chêne. La nature n'en compte pas de plus robuste. Il ne faut pas que l'univers s'arme pour le défendre. Une goutte d'eau ne suffit pas à sa préservation. Même quand l'univers le défendrait, il ne serait pas plus déshonoré que ce qui ne le préserve pas. L'homme sait que son règne n'a pas de mort, que l'univers possède un commencement. L'univers ne sait rien : c'est, tout au plus, un roseau pensant[XXXVII].

[15] Je me figure Élohim plutôt froid que sentimental.

[16] L'amour d'une femme est incompatible avec l'amour de l'humanité. L'imperfection doit être rejetée. Rien n'est plus imparfait que l'égoïsme à deux. Pendant la vie, les défiances, les récriminations, les serments écrits dans la poudre pullulent. Ce n'est plus l'amant de Chimène ; c'est l'amant de Graziella. Ce n'est plus Pétrarque ; c'est Alfred de Musset. Pendant la mort, un quartier de roche auprès de la mer, un lac quelconque, la forêt de Fontainebleau, l'île

[XXXVII] P186.

cristos, los ángeles acusadores, las penas eternas, las religiones son el producto de la duda.

[13] Dante, Milton, describiendo hipotéticamente las landas infernales, han probado que eran hienas de primera especie. La prueba es excelente. El resultado es malo. Sus obras no se compran.

[14] El hombre es un roble. La naturaleza no cuenta con nada más robusto. No hace falta que el universo se arme para defenderlo. Una gota de agua no basta para su preservación. Aun cuando el universo lo defendiese, no estaría más deshonrado que lo que no lo preserva. El hombre sabe que su reino no tiene muerte, que el universo posee un comienzo. El universo no sabe nada: es, a lo sumo, un junco pensante.

[15] Me figuro a Elohim[79] más bien frío que sentimental.

[16] El amor de una mujer es incompatible con el amor de la humanidad. La imperfección debe ser rechazada. Nada es más imperfecto que el egoísmo a dos. Durante la vida, las desconfianzas, las recriminaciones, los juramentos escritos en el polvo pululan. Ya no es el amante de Jimena; es el amante de Graziella. Ya no es Petrarca; es Alfred de Musset[80]. Durante la muerte, un trozo de roca cerca del mar[81], un lago cualquiera, el bosque de Fontainebleau, la

---

[79] Primera vez que nombra a Dios de esta manera, tal vez inspirado por el cuadro de William Blake, *Elohim creating Adam* (1785). Sería también una manera de no citar directamente al autor de *El matrimonio del cielo y del infierno* (1793), texto con el que *Poesías* tiene evidentes paralelismos, evitando así irozinar sobre él.

[80] Ducasse opone un clásico a un romántico: al Cid amante de Jimena a Lamartine amante de Graziella (novela homónima publicada en 1852), al Petrarca amante de Laura al indefectible Musset.

[81] Como sostiene Steinmetz (2001: 376), todos los lugares aquí mentados son los del pesar amoroso: el trozo de roca cerca del mar es el cabo de Leucate desde donde Safo se lanzó en recuerdo de su amante Faón. El lago remite al poema «Le lac» (1820) de Lamartine, y el bosque de Fon-

d'Ischia, un cabinet de travail en compagnie d'un corbeau, une chambre ardente avec un crucifix, un cimetière où surgit, aux rayons d'une lune qui finit par agacer, l'objet aimé, des stances où un groupe de filles dont on ne sait pas le nom, viennent balader[XXXVIII] à tour de rôle, donner la mesure de l'auteur, font entendre des regrets. Dans les deux cas, la dignité ne se retrouve point.

[17] L'erreur est la légende douloureuse.

[18] Les hymnes à Élohim habituent la vanité à ne pas s'occuper des choses de la terre. Tel est l'écueil des hymnes. Ils déshabituent l'humanité à compter sur l'écrivain. Elle le délaisse. Elle l'appelle mystique, aigle, parjure à sa mission. Vous n'êtes pas la colombe cherchée.

[19] Un pion pourrait se faire un bagage littéraire, en disant le contraire de ce qu'ont dit les poètes de ce siècle. Il remplacerait leurs affirmations par des négations. Réciproquement. S'il est ridicule d'attaquer les premiers principes, il est plus ridicule de les défendre contre ces mêmes attaques. Je ne les défendrai pas.

[XXXVIII] Lo correcto sería «se balader» ('pasearse'), aunque pensamos que Ducasse quiso significar 'cantar una balada', es decir, 'recitar'.

isla de Isquia, un gabinete de trabajo en compañía de un cuervo, un cuarto ardiente con un crucifijo, un cementerio donde surge a la luz de los rayos de una luna que acaba por molestar, el objeto amado, unas estanzas en las que un grupo de muchachas cuyo nombre no sabemos, vienen a recitar por turnos, a dar la medida del autor, hacen oír pesares. En los dos casos, la dignidad no se encuentra en absoluto.

[17] El error es la leyenda dolorosa[82].

[18] Los himnos a Elohim habitúan la vanidad a no ocuparse de las cosas de la tierra. Tal es el escollo de los himnos[83]. Deshabitúan a la humanidad a contar con el escritor. Ella lo abandona. Lo llama místico, águila, perjuro a su misión. No sois la paloma blanca buscada.

[19] Un bedel[84] podría hacerse con un bagaje literario, diciendo lo contrario de lo que han dicho los poetas de este siglo. Reemplazaría sus afirmaciones con negaciones. Recíprocamente. Si es ridículo atacar los primeros principios, más ridículo es defenderlos contra esos mismos ataques. No los defenderé.

---

tainebleau al de Musset «Souvenir» (1841). Isquia, la isla italiana, es el escenario de *Graziella* (1852) de Lamartine. El gabinete de trabajo evoca *El cuervo* de Poe, y el cuarto ardiente, cuarto de muerte, alude a «Ischia», poema de *Nouvelles méditations poétiques* de, otra vez, Lamartine, donde el poeta evoca a su esposa Mary-Ann-Elisa. El crucifijo hay que vincularlo al mismo poemario, cuya composición «Crucifix» está dedicada a la memoria de Julie Charles, relación tan pasional como trágica de Lamartine. Las dos últimas menciones se asocian a las visiones a menudo macabras de Young y Poe.

[82] Es decir, lo contrario de la expresión latina *«errare humanum est»*. Ducasse volverá a modificarla más adelante, en *II*, 105.

[83] Ducasse piensa sobre todo en Lamartine, quien compuso himnos de ese tipo, como «Hymne de l'enfant à son réveil», «Hymne au soleil», «Hymne de la nuit» o «Hymne du soir dans les temples», entre otros.

[84] Con la figura del bedel, Ducasse integra todas las categorías de personal que participa en la estructura de una institución educativa: profesores, estudiantes y, aquí, personal de administración y servicios.

[20] Le sommeil est une récompense pour les uns, un supplice pour les autres. Pour tous, il est une sanction.

[21] Si la morale de Cléopâtre eût été moins courte, la face de la terre aurait changé. Son nez n'en serait pas devenu plus long[XXXIX].

[22] Les actions cachées sont les plus estimables. Lorsque j'en vois tant dans l'histoire, elles me plaisent beaucoup. Elles n'ont pas été tout à fait cachées. Elles ont été sues. Ce peu, par où elles ont paru, en augmente le mérite. C'est le plus beau de n'avoir pas pu les cacher[XL].

[23] Le charme de la mort n'existe que pour les courageux.

[24] L'homme est si grand, que sa grandeur paraît surtout en ce qu'il ne veut pas se connaître misérable. Un arbre ne se connaît pas grand. C'est être grand que de se connaître grand. C'est être grand que de ne pas vouloir se connaître misérable. Sa grandeur réfute ces misères. Grandeur d'un roi[XLI].

[25] Lorsque j'écris ma pensée, elle ne m'échappe pas. Cette action me fait souvenir de ma force que j'oublie à toute heure. Je m'instruis à proportion de ma pensée enchaînée. Je ne tends qu'à connaître la contradiction de mon esprit avec le néant[XLII].

[26] Le cœur de l'homme est un livre que j'ai appris à estimer.

[27] Non imparfait, non déchu, l'homme n'est plus le grand mystère[XLIII].

[28] Je ne permets à personne, pas même à Élohim, de douter de ma sincérité.

[XXXIX] P392.

[XL] P544.

[XLI] P105.

[XLII] P555.

[XLIII] En el poema de Lamartine «L'Homme» *(Méditations poétiques,* 1820) leemos: «Imparfait ou déchu, l'homme est le grand mystère». Y en *Le problème du mal* (1868) de Naville: «Imparfait et déchu, l'homme vit sur la terre».

[20] El sueño es una recompensa para unos, un suplicio para otros. Para todos, es una sanción[85].

[21] Si la moral de Cleopatra hubiera sido menos corta, la faz de la tierra habría cambiado. Su nariz no por ello se habría vuelto más larga.

[22] Las acciones ocultas son las más estimables. Cuando veo tantas en la historia, me gustan mucho. No han estado por completo ocultas. Se han sabido. Ese poco, por donde han aparecido, aumenta su mérito. Lo más bello es no haber podido ocultarlas.

[23] El encanto de la muerte no existe más que para los valerosos.

[24] El hombre es tan grande, que su grandeza aparece sobre todo en que no quiere conocerse miserable. Un árbol no se conoce grande. Es ser grande conocerse grande. Es ser grande no querer conocerse miserable. Su grandeza refuta esas miserias. Grandeza de un rey.

[25] Cuando escribo mi pensamiento, no se me escapa. Esta acción me hace recordar mi fuerza, que olvido a toda hora. Me instruyo en proporción a mi pensamiento encadenado. No tiendo más que a conocer la contradicción de mi espíritu con la nada.

[26] El corazón del hombre es un libro que he aprendido a estimar[86].

[27] No imperfecto, no caído, el hombre ya no es más el gran misterio.

[28] No permito a nadie, ni siquiera a Elohim, dudar de mi sinceridad.

---

[85] Véase *Los Cantos de Maldoror* (V, 3), donde Lautréamont se rebela ya contra el sueño.

[86] Ya desde el inicio de *Los Cantos de Maldoror,* Lautréamont advertía al lector del peligro de adentrarse en la lectura del libro. Esta idea del poder de las palabras no lo abandonará nunca, por lo que sigue presente en *Poesías,* pero esta vez en forma de libro. En esta misma línea se nos presenta más adelante *(II, 54).*

[29] Nous sommes libres de faire le bien.

[30] Le jugement est infaillible.

[31] Nous ne sommes pas libres de faire le mal[XLIV].

[32] L'homme est le vainqueur des chimères, la nouveauté de demain, la régularité dont gémit le chaos, le sujet de la conciliation. Il juge de toutes choses. Il n'est pas imbécile. Il n'est pas ver de terre. C'est le dépositaire du vrai, l'amas de certitude, la gloire, non le rebut de l'univers. S'il s'abaisse, je le vante. S'il se vante, je le vante davantage. Je le concilie. Il parvient à comprendre qu'il est la sœur de l'ange[XLV].

[33] Il n'y a rien d'incompréhensible[XLVI].

[34] La pensée n'est pas moins claire que le cristal. Une religion, dont les mensonges s'appuient sur elle, peut la troubler quelques minutes, pour parler de ces effets qui durent longtemps. Pour parler de ces effets qui durent peu de temps, un assassinat de huit personnes aux portes d'une capitale, la troublera — c'est certain — jusqu'à la destruction du mal. La pensée ne tarde pas à reprendre sa limpidité.

[35] La poésie doit avoir pour but la vérité pratique. Elle énonce les rapports qui existent entre les premiers principes et les vérités secondaires de la vie. Chaque chose reste à sa place. La mission de la poésie est difficile. Elle ne se

---

[XLIV] En *Le problème du mal,* Ernest Naville escribió: «Nous estimons libre, dans le sens le plus haut du mot, celui qui est affranchi du mal» [«Estimamos libre, en el sentido más alto de la palabra, a quien está liberado del mal»]. Al respecto, Ducasse anotó en su ejemplar de esa obra: «N'écrivez pas cette phrase puisqu'il n'y a que Dieu qui soit affranchi du mal, et encore!» [«No escribáis esa frase, pues solo Dios está liberado del mal, ¡y aun así!»].

[XLV] P122.

[XLVI] Un pensamiento pascaliano reza: «Tout ce qui est incompréhensible ne laisse pas d'être» (P139). Sin embargo, no estaba incluido en la edición que tuvo que manejar Ducasse, quien, recordémoslo, se autoproclamó filósofo «incompréhensibiliste». El origen de este aforismo es, pues, de naturaleza autobiográfica.

[29] Somos libres de hacer el bien.

[30] El juicio es infalible.

[31] No somos libres de hacer el mal.

[32] El hombre es el vencedor de las quimeras, la novedad de mañana, la regularidad de la que gime el caos, el sujeto[87] de la conciliación. Juzga todas las cosas. No es imbécil. No es lombriz. Es el depositario de lo verdadero, el amasijo de certitud, la gloria, no el rebús del universo. Si se rebaja, lo vanaglorio. Si se vanagloria, lo vanaglorio más[88]. Lo concilio. Alcanza a comprender que es la hermana del ángel.

[33] No hay nada incomprensible.

[34] El pensamiento no es menos claro que el cristal. Una religión, cuyas mentiras se basan en él, puede turbarlo durante unos minutos, para hablar de esos efectos que duran largo tiempo. Para hablar de esos efectos que duran poco tiempo, un asesinato de ocho personas a las puertas de una capital, lo turbará —es seguro— hasta la destrucción del mal[89]. El pensamiento no tarda en recobrar su limpidez.

[35] La poesía debe tener por meta la verdad práctica[90]. Enuncia las relaciones que existen entre los primeros principios y las verdades secundarias de la vida. Cada cosa resta en su sitio. La misión de la poesía es difícil. No se mezcla

---

[87] *sujeto:* 'persona'.

[88] También se distancia del hipotexto de Pascal a través de la retórica, en este caso por vía de esta aliteración. Anticipemos que más adelante sentencia: «La filosofía [...] engloba la poesía» *(II, 77)*.

[89] Ducasse evoca, de nuevo, el asesinato cometido por Troppmann *(I, 23)* y su castigo (la «destrucción del mal»).

[90] Esta frase será utilizada por Breton y Éluard en la entrada «Poesía» de su *Diccionario abreviado del surrealismo*.

mêle pas aux événements de la politique, à la manière dont on gouverne un peuple, ne fait pas allusion aux périodes historiques, aux coups d'État, aux régicides, aux intrigues des cours. Elle ne parle pas des luttes que l'homme engage, par exception, avec lui-même, avec ses passions. Elle découvre les lois qui font vivre la politique théorique, la paix universelle, les réfutations de Machiavel, les carnets^{XLVII} dont se composent les ouvrages de Proudhon, la psychologie de l'humanité. Un poète doit être plus utile qu'aucun citoyen de sa tribu. Son œuvre est le code des diplomates, des législateurs, des instructeurs de la jeunesse. Nous sommes loin des Homère, des Virgile, des Klopstock, des Camões^{XLVIII}, des imaginations émancipées, des fabricateurs d'odes, des marchands d'épigrammes contre la divinité. Revenons à Confucius, au Bouddha^{XLIX}, à Socrate, à Jésus-Christ, moralistes qui couraient les villages en souffrant de faim ! Il faut compter désormais avec la raison, qui n'opère que sur les facultés qui président à la catégorie des phénomènes de la bonté pure.

[36] Rien n'est plus naturel que de lire le *Discours de la Méthode* après avoir lu *Bérénice*. Rien n'est moins naturel que de lire le *Traité de l'Induction* de Biéchy, le *Problème du Mal* de Naville, après avoir lu les Feuilles d'Automne, les Contemplations. La transition se perd. L'esprit regimbe

---

^{XLVII} En el original: *cornets*. Consideramos, a diferencia de todas las ediciones existentes, que se trata de una errata, teniendo en cuenta la afición de Proudhon de escribir cuadernos. No nos inclinamos a pensar que se trata de despreciar las obras de este filósofo socialista para indicar que con los ejemplares no vendidos se pueden hacer cucuruchos («cornets»), dado que no es el tono menospreciativo el común en este párrafo, a diferencia de otros en que tal insolencia encajaría.

^{XLVIII} En el original: *Camoëns*.
^{XLIX} En el original: *Boudha*.

con los acontecimientos de la política, con la manera en que se gobierna a un pueblo, no hace alusión a los períodos históricos, a los golpes de Estado, a los regicidios, a las intrigas de las cortes. No habla de las luchas que el hombre libra, por excepción, con sí mismo, con sus pasiones. Descubre las leyes que hacen vivir la política teórica, la paz universal[91], las refutaciones de Maquiavelo[92], los cuadernos de los que se componen las obras de Proudhon, la psicología de la humanidad. Un poeta debe ser más útil que ningún otro ciudadano de su tribu[93]. Su obra es el código de los diplomáticos, de los legisladores, de los instructores de la juventud. Estamos lejos de los Homero, de los Virgilio, de los Klopstock, de los Camões, de las imaginaciones emancipadas, de los fabricadores de odas, de los mercaderes de epigramas contra la divinidad. ¡Volvamos a Confucio, al Buda, a Sócrates, a Jesucristo, moralistas que recorrían los villorrios pasando hambre! Hay que contar en adelante con la razón, que no opera más que sobre las facultades que velan por la categoría de los fenómenos de la bondad pura.

[36] Nada es más natural que leer el *Discurso del método* después de haber leído *Berenice*[94]. Nada es menos natural que leer el *Traité de l'Induction* de Biéchy, el *Problème du Mal* de Naville, después de haber leído las Hojas de otoño[95], las Contemplaciones[96]. La transición se pierde. El

---

[91] Referencia, casi con toda seguridad, a Kant y su proyecto de paz perpetua.

[92] Aquí está pensando en el *Antimaquiavelo* de Federico II de Prusia (1741).

[93] Parece aludir a Platón condenando a los poetas en su *República*.

[94] En el siguiente párrafo vuelve a oponer a Racine y Descartes, lo que apunta a que esta *Berenice* es la obra del dramaturgo francés y no el cuento homónimo de Poe.

[95] A *Las hojas de otoño* se refería ya Ducasse en el párrafo del mismo número de *Poesías I*.

[96] Nos inclinamos a pensar que la ausencia de la cursiva en estas dos obras era pretendida, más que una errata de impresión, para rebajar así la

contre la ferraille, la mystagogie. Le cœur est ahuri devant ces pages qu'un fantoche griffonna. Cette violence l'éclaire. Il ferme le livre. Il verse une larme à la mémoire des auteurs sauvages. Les poètes contemporains ont abusé de leur intelligence. Les philosophes n'ont pas abusé de la leur. Le souvenir des premiers s'éteindra. Les derniers sont classiques.

[37] Racine, Corneille, auraient été capables de composer les ouvrages de Descartes, de Malebranche, de Bacon[L]. L'âme des premiers est une avec celle des derniers. Lamartine, Hugo, n'auraient pas été capables de composer le *Traité de l'Intelligence*. L'âme de son auteur n'est pas adéquate avec celle des premiers. La fatuité leur a fait perdre les qualités centrales. Lamartine, Hugo, quoique supérieurs à Taine, ne possèdent, comme lui, que des — il est pénible de faire cet aveu — facultés secondaires.

[38] Les tragédies excitent la pitié, la terreur, par le devoir. C'est quelque chose. C'est mauvais. Ce n'est pas si mauvais que le lyrisme moderne. La Médée de Legouvé est préférable à la collection des ouvrages de Byron, de Capendu, de Zaccone, de Félix, de Gagne, de Gaboriau, de Lacordaire, de Sardou, de Goethe[LI], de Ravignan, de Charles Diguet. Quel écrivain d'entre vous, je prie, peut soulever —

[L] En el original: *Bâcon.*
[LI] En el original: *Gœthe.*

espíritu se encabrita contra la ferralla, la mistagogia[97]. El corazón está estupefacto ante esas páginas que un fantoche garabateó. Esta violencia lo aclara. Cierra el libro. Vierte una lágrima en memoria de los autores salvajes. Los poetas contemporáneos han abusado de su inteligencia. Los filósofos no han abusado de la suya. El recuerdo de los primeros se extinguirá. Los últimos son clásicos[98].

[37] Racine, Corneille, habrían sido capaces de componer las obras de Descartes, de Malebranche, de Bacon. El alma de los primeros es una con la de los últimos. Lamartine, Hugo no habrían sido capaces de componer el *Traité de l'Intelligence*[99]. El alma de su autor no es adecuada con la de los primeros. La fatuidad les ha hecho perder las cualidades centrales. Lamartine, Hugo, aunque superiores a Taine, no poseen, como él, más que —es penoso hacer esta confesión[100]— facultades secundarias.

[38] Las tragedias excitan la piedad, el terror, por el deber. Es algo. Es malo. No es tan malo como el lirismo moderno. La Medea de Legouvé es preferible a la colección de obras de Byron, de Capendu, de Zaccone, de Felix, de Gagne, de Gaboriau, de Lacordaire, de Sardou, de Goethe, de Ravignan, de Charles Diguet. ¡Qué escritor de entre vo-

---

calidad de estas obras líricas de Hugo frente a las citadas anteriormente, es decir, para privilegiar la filosofía ante la poesía, lo que confirmará en diversos aforismos de *Poesías II*. Despojándolas de su estatuto ortotipográfico, la transición entre las obras filosóficas y las literarias que cita también se pierde, como sentencia en la oración siguiente.

[97] *mistagogia*: 'iniciación a los misterios'. Evoca los dos poemarios de Victor Hugo acabados de citar.

[98] Se trata de uno de los pensamientos fundamentales de la obra, pues es una especie de declaración velada sobre la relación de *Poesías* con *Los Cantos de Maldoror* y de cómo leer ambos textos y relacionarlos.

[99] Este tratado de Hippolyte Taine, cuyo título es *De l'intelligence* y donde el autor defendía el método experimental y el determinismo, se acababa de publicar (abril de 1870).

[100] ¿Qué necesidad hay de esta digresión en medio del sintagma, sino la de la ironía?

qu'est-ce ? Quels sont ces reniflements de la résistance ? — le[LII] poids du *Monologue d'Auguste !* Les vaudevilles barbares de Hugo ne proclament pas le devoir. Les mélodrames de Racine, de Corneille, les romans de La Calprenède le proclament. Lamartine n'est pas capable de composer la Phèdre de Pradon ; Hugo, le Venceslas de Rotrou ; Sainte-Beuve, les tragédies de La Harpe[LIII], de Marmontel. Musset est capable de faire des proverbes. La tragédie est une erreur involontaire, admet la lutte, est le premier pas du bien, ne paraîtra pas dans cet ouvrage. Elle conserve son prestige. Il n'en est pas de même du sophisme, — après coup[LIV] le gongorisme métaphysique des autoparodistes de mon temps héroïco-burlesque.

[39] Le principe des cultes est l'orgueil. Il est ridicule d'adresser la parole à Élohim, comme ont fait les Job, les Jérémie, les David, les Salomon, les Turquety[LV]. La prière est un acte faux. La meilleure manière de lui plaire est indirecte, plus conforme à notre force. Elle consiste à rendre notre race heureuse. Il n'y a pas deux manières de plaire à Élohim. L'idée du bien est une. Ce qui est le bien en moins l'étant en plus, je permets que l'on me cite l'exemple de la maternité. Pour plaire à sa mère, un fils ne lui criera pas

---

[LII] En el original: *Le.*
[LIII] En el original: *Laharpe.*
[LIV] En el original: *après-coup.*
[LV] En el original: *Turquéty.*

sotros, os ruego, puede levantar —¿qué pasa? ¿Qué son esos resoplidos de la resistencia?— el peso del *Monólogo de Augusto!*[101]. Los vodeviles bárbaros[102] de Hugo no proclaman el deber. Los melodramas[103] de Racine, de Corneille, las novelas de La Calprenède lo proclaman. Lamartine no es capaz de componer la Phèdre de Pradon; Hugo, el Venceslas de Rotrou; Sainte-Beuve, las tragedias de La Harpe, de Marmontel. Musset es capaz de hacer proverbios[104]. La tragedia es un error involuntario, admite la lucha, es el primer paso del bien, no aparecerá en esta obra. Conserva su prestigio. No ocurre lo mismo con el sofisma — después del gongorismo metafísico de los autoparodistas de mi tiempo heroico-burlesco[105].

[39] El principio de los cultos es el orgullo. Es ridículo dirigir la palabra a Elohim, como hicieron los Job, los Jeremías, los David, los Salomón, los Turquety[106]. La plegaria es un acto falso. La mejor manera de agradarle es indirecta, más conforme a nuestra fuerza. Consiste en hacer a nuestra raza feliz. No hay dos maneras de agradar a Elohim. La idea del bien es una. Bien menor siendo mayor, permito que se me cite el ejemplo de la maternidad. Para agradar a su madre, un hijo no le gritará que ella es sabia, radiante, que él

---

[101] Se trata de uno de los pasajes más célebres de la tragedia de Corneille *Cinna* (1641).

[102] Una de las características de la literatura de Hugo era mezclar lo cómico y lo trágico.

[103] Las obras de Racine y Corneille no son, propiamente hablando, melodramas.

[104] Algunos proverbios de Musset son muy conocidos; sin ir más lejos, el que da título a una de sus piezas teatrales más celebradas: *On ne badine pas avec l'amour* (1834).

[105] Sobre la influencia de la literatura barroca española y su retórica en la obra de Lautréamont, véase Perrone-Moisès y Rodríguez Monegal, 2001.

[106] La presencia de Édouard Turquety cerrando una lista de personajes bíblicos es pura ironía, y hace alusión a sus poemarios *Poésie catholique* (1836) e *Hymnes sacrés* (1839).

qu'elle est sage, radieuse, qu'il se conduira de façon à mériter la plupart de ses éloges. Il fait autrement. Au lieu de le dire lui-même, il le fait penser par ses actes, se dépouille de cette tristesse qui gonfle les chiens de Terre-Neuve. Il ne faut pas confondre la bonté d'Élohim avec la trivialité. Chacun est vraisemblable. La familiarité engendre le mépris ; la vénération engendre le contraire. Le travail détruit l'abus des sentiments.

[40] Nul raisonneur ne croit contre sa raison.

[41] La foi est une vertu naturelle par laquelle nous acceptons les vérités qu'Élohim nous révèle par la conscience.

[42] Je ne connais pas d'autre grâce que celle d'être né. Un esprit impartial la trouve complète.

[43] Le bien est la victoire sur le mal, la négation du mal. Si l'on chante le bien, le mal est éliminé par cet acte congru. Je ne chante pas ce qu'il ne faut pas faire. Je chante ce qu'il faut faire. Le premier ne contient pas le second. Le second contient le premier.

[44] La jeunesse écoute les conseils de l'âge mûr. Elle a une confiance illimitée en elle-même.

[45] Je ne connais pas d'obstacle qui passe les forces de l'esprit humain, sauf la vérité.

[46] La maxime n'a pas besoin d'elle pour se prouver. Un raisonnement demande un raisonnement. La maxime est une loi qui renferme un ensemble de raisonnements. Un raisonnement se complète à mesure qu'il s'approche de la maxime. Devenu maxime, sa perfection rejette les preuves de la métamorphose[LVI].

LVI V603.

se comportará de manera que merezca la mayor parte de sus elogios. Lo hace de otra forma. En lugar de decirlo él mismo, lo hace pensar por sus actos, se despoja de esta tristeza que hincha los perros de Terranova. No hay que confundir la bondad de Elohim con la trivialidad. Cada uno es verosímil. La familiaridad engendra el desprecio; la veneración engendra lo contrario. El trabajo destruye el abuso de los sentimientos[107].

[40] Ningún razonador cree contra su razón.

[41] La fe es una virtud natural por la cual aceptamos las verdades que Elohim nos revela por la conciencia.

[42] No conozco otra gracia más que la de haber nacido. Un espíritu imparcial la encuentra completa.

[43] El bien es la victoria sobre el mal, la negación del mal. Si se canta el bien, el mal es eliminado por este acto congruente. Yo no canto lo que no hay que hacer. Canto lo que hay que hacer. Lo primero no contiene lo segundo. Lo segundo contiene lo primero[108].

[44] La juventud escucha los consejos de la edad madura. Tiene una confianza ilimitada en sí misma.

[45] No conozco obstáculo que pase las fuerzas del espíritu humano, salvo la verdad.

[46] La máxima no tiene necesidad de ella[109] para probarse. Un razonamiento demanda un razonamiento. La máxima es una ley que encierra un conjunto de razonamientos. Un razonamiento se completa a medida que se aproxima a la máxima. Devenido máxima, su perfección rechaza las pruebas de la metamorfosis.

---

[107] Ducasse defiende una poesía elaborada y no sentimental.

[108] *Nota bene:* en este pensamiento, en la línea iniciada en *II, 36*, está contenido todo el sustrato de *Los Cantos de Maldoror* y de *Poesías* como díptico. Lo confirma el uso del verbo «cantar», y evita al mismo tiempo la asociación de *lo que hay que hacer* con *el bien*, dejando de nuevo al lector que decida.

[109] La verdad del aforismo anterior.

[47] Le doute est un hommage rendu à l'espoir. Ce n'est pas un hommage volontaire. L'espoir ne consentirait pas à n'être qu'un hommage.

[48] Le mal s'insurge contre le bien. Il ne peut pas faire moins.

[49] C'est une preuve d'amitié de ne pas s'apercevoir de l'augmentation de celle de nos amis[LVII].

[50] L'amour n'est pas le bonheur.

[51] Si nous n'avions point de défauts, nous ne prendrions pas tant de plaisir à nous corriger, à louer dans les autres ce qui nous manque[LVIII].

[52] Les hommes qui ont pris la résolution de détester leurs semblables ignorent qu'il faut commencer par se détester soi-même.

[53] Les hommes qui ne se battent pas en duel croient que les hommes qui se battent au duel à mort sont courageux.

[54] Comme les turpitudes du roman s'accroupissent aux étalages ! Pour un homme qui se perd, comme un autre pour une pièce de cent sous, il semble parfois qu'on tuerait un livre.

[55] Lamartine a cru que la chute d'un ange deviendrait l'Élévation d'un Homme. Il a eu tort de le croire.

[56] Pour faire servir le mal à la cause du bien, je dirai que l'intention du premier est mauvaise.

[57] Une vérité banale renferme plus de génie que les ouvrages de Dickens, de Gustave Aymard, de Victor Hugo, de Landelle. Avec les derniers, un enfant, survivant à l'univers, ne pourrait pas reconstruire l'âme humaine. Avec la première, il le pourrait. Je suppose qu'il ne découvrît pas tôt ou tard la définition du sophisme.

[LVII] LR590.
[LVIII] LR31.

[47] La duda es un homenaje rendido a la esperanza. No es un homenaje voluntario. La esperanza no consentiría en no ser más que un homenaje.

[48] El mal se insurge contra el bien. No puede hacer menos.

[49] Es una prueba de amistad no apercibirse del aumento de la de nuestros amigos.

[50] El amor no es la dicha.

[51] Si no tuviéramos defectos, no encontraríamos tanto placer en corregirnos, en loar en los otros lo que nos falta.

[52] Los hombres que han tomado la resolución de detestar a sus semejantes ignoran que hay que comenzar por detestarse a uno mismo.

[53] Los hombres que no se baten en duelo creen que los hombres que se baten a[110] duelo a muerte son valerosos.

[54] ¡Cómo las turpitudes de la novela se acuclillan en los escaparates! Por un hombre que se pierde, como otro por una pieza de cien céntimos, parece a veces que uno mataría un libro.

[55] Lamartine creyó que la caída de un ángel devendría la Elevación de un Hombre[111]. Se equivocó al creerlo.

[56] Para hacer servir el mal a la causa del bien, diré que la intención del primero[112] es mala.

[57] Una verdad banal encierra más genio que las obras de Dickens, de Gustave Aymard, de Victor Hugo, de Landelle[113]. Con los últimos, un niño, sobreviviente en el universo, no podría reconstruir el alma humana. Con la primera, lo podría. Supongo que no llegaría a descubrir ni tarde ni temprano la definición del sofisma.

---

[110] Mantenemos el, con toda seguridad, pretendido y poco ortodoxo uso de la preposición «a» que aparece en el original.

[111] Referencia a la epopeya *La Chute d'un Ange* (1838), historia del ángel Cedar convertido por amor a Daidha, a quien debía proteger.

[112] El ángel del párrafo anterior.

[113] Mezcla irónica de grandes novelistas con otros autores de novelas de aventuras.

[58] Les mots qui expriment le mal sont destinés à prendre une signification d'utilité. Les idées s'améliorent. Le sens des mots y participe.

[59] Le plagiat est nécessaire. Le progrès l'implique. Il serre de près la phrase d'un auteur, se sert de ses expressions, efface une idée fausse, la remplace par l'idée juste.

[60] Une maxime, pour être bien faite, ne demande pas à être corrigée. Elle demande à être développée.

[61] Dès que l'aurore a paru, les jeunes filles vont cueillir des roses. Un courant d'innocence parcourt les vallons, les capitales, secourt l'intelligence des poètes les plus enthousiastes, laisse tomber des protections pour les berceaux, des couronnes pour la jeunesse, des croyances à l'immortalité pour les vieillards.

[62] J'ai vu les hommes lasser les moralistes à découvrir leur cœur, faire répandre sur eux la bénédiction d'en haut. Ils émettaient des méditations aussi vastes que possible, réjouissaient l'auteur de nos félicités. Ils respectaient l'enfance, la vieillesse, ce qui respire comme ce qui ne respire pas, rendaient hommage à la femme, consacraient à la pudeur les parties que le corps se réserve de nommer. Le firmament, dont j'admets la beauté, la terre, image de mon cœur, furent invoqués par moi, afin de me désigner un homme qui ne se crût pas bon. Le spectacle de ce monstre, s'il eût été réalisé, ne m'aurait pas fait mourir d'étonnement : on meurt à plus. Tout ceci se passe de commentaires.

[58] Las palabras que expresan el mal están destinadas a tomar una significación de utilidad. Las ideas mejoran. El sentido de las palabras participa en ello.

[59] El plagio es necesario. El progreso lo implica. Sigue de cerca la frase de un autor, se sirve de sus expresiones, borra una idea falsa, la reemplaza por la idea justa.

[60] Una máxima, para estar bien hecha, no demanda ser corregida. Demanda ser desarrollada.

[61] Apenas la aurora despunta, las jóvenes van a cortar rosas. Una corriente de inocencia recorre los pequeños valles, las capitales, socorre la inteligencia de los poetas más entusiastas, deja caer protecciones para las cunas, coronas para la juventud, creencias en la inmortalidad para los ancianos[114].

[62] He visto a los hombres fatigar a los moralistas a fuerza de descubrir su corazón, repartir sobre ellos la bendición de lo alto. Emitían meditaciones tan vastas como era posible, regocijaban al autor de nuestras felicidades. Respetaban la infancia, la vejez, lo que respira como lo que no respira, rendían homenaje a la mujer, consagraban al pudor las partes que el cuerpo se reserva de nombrar. El firmamento, cuya belleza admito, la tierra, imagen de mi corazón, fueron invocados por mí, a fin de designarme un hombre que no se creyera bueno. El espectáculo de ese monstruo, si se hubiera realizado, no me habría hecho morir de asombro: se muere por más. Todo esto pasa sin comentarios[115].

---

[114] En su carta de 21 de febrero de 1870 a Poulet-Malassis (véase el Apéndice I), Ducasse ya le advertía de su intención de corregir algunos fragmentos de Baudelaire. Aquí lo hace con el poema de *Las flores del mal* «Crépuscule du matin», donde convierte en bien aquello que Baudelaire situó bajo el signo del mal.

[115] En la misma misiva anunciaba la corrección de seis piezas y de su «bendito libro». Aquí corrige la quinta estrofa del primer canto de *Maldoror*.

[63] La raison, le sentiment se conseillent, se suppléent. Quiconque ne connaît qu'un des deux, en renonçant à l'autre, se prive de la totalité des secours qui nous ont été accordés pour nous conduire[LIX]. Vauvenargues a dit « se prive d'une partie des secours ».

[64] Quoique sa phrase, la mienne reposent sur les personnifications de l'âme dans le sentiment, la raison, celle que je choisirais au hasard ne serait pas meilleure que l'autre, si je les avais faites. L'une ne peut pas être rejetée par moi. L'autre a pu être acceptée de Vauvenargues.

[65] Lorsqu'un prédécesseur emploie au bien un mot qui appartient au mal, il est dangereux que sa phrase subsiste à côté de l'autre. Il vaut mieux laisser au mot la signification du mal. Pour employer au bien un mot qui appartient au mal, il faut en avoir le droit. Celui qui emploie au mal les mots qui appartiennent au bien ne le possède pas. Il n'est pas cru. Personne ne voudrait se servir de la cravate de Gérard de Nerval.

[66] L'âme étant une, l'on peut introduire dans le discours la sensibilité, l'intelligence, la volonté, la raison, l'imagination, la mémoire.

[67] J'avais passé beaucoup de temps dans l'étude des sciences abstraites. Le peu de gens avec qui on communique n'était pas fait pour m'en dégoûter. Quand j'ai commencé l'étude de l'homme, j'ai vu que ces sciences lui sont propres, que je sortais moins de ma condition en y pénétrant que les autres en les ignorant. Je leur ai pardonné de ne s'y point appliquer ! Je ne crus pas trouver beaucoup de compagnons dans l'étude de l'homme. C'est celle qui lui est propre. J'ai été trompé. Il y en a plus qui l'étudient que la géométrie[LX].

[LIX] V150.
[LX] P581.

[63] La razón, el sentimiento se aconsejan, se suplen. Quienquiera que no conozca más que uno de los dos, renunciando al otro, se priva de la totalidad de los socorros que nos han sido acordados para conducirnos. Vauvenargues dijo «se priva de una parte de los socorros».

[64] Aunque su frase, la mía reposan sobre las personificaciones del alma en el sentimiento, la razón, la que yo elegiría al azar no sería mejor que la otra, si las hubiera hecho yo. Una no puede ser rechazada por mí. La otra pudo ser aceptada por Vauvenargues.

[65] Cuando un predecesor emplea para el bien una palabra que pertenece al mal, es peligroso que su frase subsista al lado de la otra. Vale más dejar a la palabra la significación del mal. Para emplear para el bien una palabra que pertenece al mal, hay que tener derecho a ello. El que emplea para el mal las palabras que pertenecen al bien no lo posee. No es creído. Nadie querría servirse de la corbata de Gérard de Nerval[116].

[66] El alma, siendo una, se puede introducir en el discurso la sensibilidad, la inteligencia, la voluntad, la razón, la imaginación, la memoria.

[67] Había yo pasado mucho tiempo dedicado al estudio de las ciencias abstractas. Las pocas gentes con las que podemos comunicarnos sobre ellas no estaban hechas para que me disgustasen. Cuando comencé el estudio del hombre, vi que estas ciencias les son propias, que yo salía menos de mi condición penetrando en ellas que los otros ignorándolas. ¡Les perdoné el no aplicarse a ello en absoluto! No creí encontrar muchos compañeros en el estudio del hombre. Es el que les es propio. Fui engañado. Hay más que lo estudian que la geometría[117].

---

[116] Referencia al suicidio de Nerval, por ahorcamiento en enero de 1855, quien utilizó un elemento pensado para la elegancia, ergo, para el bien (la corbata), para acabar con su vida (el mal).

[117] Steinmetz (2009: 678) aclara que Ducasse es fiel a *Los Cantos de Maldoror* en su rehabilitación de la geometría como ciencia.

[68] Nous perdons la vie avec joie, pourvu qu'on n'en parle point[LXI].

[69] Les passions diminuent avec l'âge. L'amour, qu'il ne faut pas classer parmi les passions, diminue de même. Ce qu'il perd d'un côté, il le regagne de l'autre. Il n'est plus sévère pour l'objet de ses vœux, se rendant justice à lui-même : l'expansion est acceptée. Les sens n'ont plus leur aiguillon pour exciter les sexes de la chair. L'amour de l'humanité commence. Dans ces jours où l'homme sent qu'il devient un autel que parent ses vertus, fait le compte de chaque douleur qui se releva, l'âme, dans un repli du cœur où tout semble prendre naissance, sent quelque chose qui ne palpite plus. J'ai nommé le souvenir[LXII].

[70] L'écrivain, sans séparer l'une de l'autre, peut indiquer la loi qui régit chacune de ses poésies.

[71] Quelques philosophes sont plus intelligents que quelques poètes. Spinoza, Malebranche, Aristote, Platon, ne sont pas Hégésippe Moreau, Malfilâtre[LXIII], Gilbert, André Chénier.

[72] Faust, Manfred, Konrad, sont des types. Ce ne sont pas encore des types raisonnants. Ce sont déjà des types agitateurs.

[73] Les descriptions sont une prairie, trois rhinocéros, la moitié d'un catafalque. Elles peuvent être le souvenir, la prophétie. Elles ne sont pas le paragraphe que je suis sur le point de terminer.

[74] Le régulateur de l'âme n'est pas le régulateur d'une âme. Le régulateur d'une âme est le régulateur de l'âme, lorsque ces deux espèces d'âmes sont assez confondues pour pouvoir affirmer qu'un régulateur n'est une régulatrice que dans l'imagination d'un fou qui plaisante.

LXI P535.
LXII Ducasse corrige el final del poema «Tristesse d'Olympio» (1837) de Victor Hugo (véase el Apéndice III).
LXIII En el original: *Malfilatre*.

[68] Perdemos la vida con alegría, con tal de que no se hable en absoluto de ello.

[69] Las pasiones disminuyen con la edad. El amor, que no hay que clasificar entre las pasiones, disminuye de igual modo. Lo que pierde por un lado, vuelve a ganarlo por el otro. Ya no es severo por el objeto de sus anhelos, haciéndose justicia a sí mismo: la expansión es aceptada. Los sentidos no tienen ya su aguijón para excitar los sexos de la carne. El amor de la humanidad comienza. En estos días en que el hombre siente que deviene un altar que engalanan sus virtudes, hace la cuenta de cada dolor que se irguió, el alma, en un repliegue del corazón donde todo parece tener nacimiento, siente algo que no palpita más. He nombrado el recuerdo.

[70] El escritor, sin separar una de la otra, puede indicar la ley que rige cada una de sus poesías[118].

[71] Algunos filósofos son más inteligentes que algunos poetas. Spinoza, Malebranche, Aristóteles, Platón no son Hégésippe Moreau, Malfilatre, Gilbert, André Chénier[119].

[72] Fausto, Manfred, Konrad, son tipos. No son todavía tipos razonantes. Son ya tipos agitadores.

[73] Las descripciones son una pradera, tres rinocerontes[120], la mitad de un catafalco. Pueden ser el recuerdo, la profecía. No son el párrafo que estoy a punto de terminar.

[74] El regulador del alma no es el regulador de un alma. El regulador de un alma es el regulador del alma, cuando estas dos especies de almas están lo bastante confundidas para poder afirmar que un regulador no es una reguladora más que en la imaginación de un loco que bromea[121].

---

[118] Este aforismo es una suerte de aviso sobre quienes quieran especular sobre la estructura cabalística de *Poesías*.

[119] Estos poetas del siglo XVIII, en especial los tres últimos, son considerados poetas del infortunio.

[120] Dentro del bestiario ducassiano, el rinoceronte tiene un importante papel, como es evidente en *Los Cantos de Maldoror*.

[121] Este párrafo, que resume el proceder retórico de oposición de nuestro autor en *Poesías,* es capital para entender la relación de Ducasse

[75] Le phénomène passe. Je cherche les lois.

[76] Il y a des hommes qui ne sont pas des types. Les types ne sont pas des hommes. Il ne faut pas se laisser dominer par l'accidentel.

[77] Les jugements sur la poésie ont plus de valeur que la poésie. Ils sont la philosophie de la poésie. La philosophie, ainsi comprise, englobe la poésie. La poésie ne pourra pas se passer de la philosophie. La philosophie pourra se passer de la poésie.

[78] Racine n'est pas capable de condenser ses tragédies dans des préceptes. Une tragédie n'est pas un précepte. Pour un même esprit, un précepte est une action plus intelligente qu'une tragédie.

[79] Mettez une plume d'oie dans la main d'un moraliste qui soit écrivain de premier ordre. Il sera supérieur aux poètes.

[80] L'amour de la justice n'est, en la plupart des hommes, que le courage de souffrir l'injustice[LXIV].

[81] Cache-toi, guerre.

[82] Les sentiments expriment le bonheur, font sourire. L'analyse des sentiments exprime le bonheur, toute personnalité mise à part ; fait sourire. Les premiers élèvent l'âme, dépendamment de l'espace, de la durée, jusqu'à la conception de l'humanité, considérée en elle-même, dans ses membres illustres. La dernière élève l'âme, indépendamment de la durée, de l'espace, jusqu'à la conception de l'humanité, considérée dans son expression la plus haute, la volonté ! Les premiers s'occupent des vices, des vertus ; la dernière ne s'occupe que des vertus. Les sentiments ne connaissent pas

---

[LXIV] LR78.

[75] El fenómeno pasa. Yo busco las leyes.

[76] Hay hombres que no son tipos. Los tipos no son hombres. No hay que dejarse dominar por lo accidental.

[77] Los juicios sobre la poesía tienen más valor que la poesía. Son la filosofía de la poesía. La filosofía, así comprendida, engloba la poesía. La poesía no podrá pasar de la filosofía. La filosofía podrá pasar de la poesía[122].

[78] Racine no es capaz de condensar sus tragedias en preceptos. Una tragedia no es un precepto. Para un mismo espíritu, un precepto es una acción más inteligente que una tragedia.

[79] Poned una pluma de oca en la mano de un moralista que sea un escritor de primer orden. Será superior a los poetas.

[80] El amor de la justicia no es, en la mayor parte de los hombres, más que el coraje de sufrir la injusticia.

[81] Escóndete, guerra.

[82] Los sentimientos expresan la dicha, hacen sonreír. El análisis de los sentimientos expresa la dicha, toda personalidad puesta aparte; hace sonreír. Los primeros elevan el alma, dependientemente del espacio, de la duración, hasta la concepción de la humanidad, considerada en sí misma, en sus miembros ilustres. El último[123] eleva el alma, independientemente de la duración, del espacio, hasta la concepción de la humanidad, considerada en su expresión más alta, ¡la voluntad! Los primeros se ocupan de los vicios, de las virtudes; el último no se ocupa más que de las virtudes. Los sentimientos no conocen el orden de su marcha. El

---

con las palabras, con el lenguaje. Por añadidura, es un excelente ejemplo de la ironía que atraviesa ambos opúsculos. Ducasse puede muy bien ser ese loco bromista.

[122] Ya hemos indicado en la Introducción que esta reflexión es en sí misma una descripción de lo que hace Ducasse en *Poesías:* filosofía de la poesía.

[123] El autor se refiere al análisis de los sentimientos, no a la felicidad.

l'ordre de leur marche. L'analyse des sentiments apprend à le faire connaître, augmente la vigueur des sentiments. Avec les premiers, tout est incertitude. Ils sont l'expression du bonheur, de la douleur, deux extrêmes. Avec la dernière, tout est certitude. Elle est l'expression de ce bonheur qui résulte, à un moment donné, de savoir se retenir, au milieu des passions bonnes ou mauvaises. Elle emploie son calme à fondre la description de ces passions dans un principe qui circule à travers les pages : la non-existence du mal. Les sentiments pleurent quand il le leur faut, comme quand il ne le leur faut pas. L'analyse des sentiments ne pleure pas. Elle possède une sensibilité latente, qui prend au dépourvu, emporte au-dessus des misères, apprend à se passer de guide, fournit une arme de combat. Les sentiments, marque de la faiblesse, ne sont pas le sentiment ! L'analyse du sentiment, marque de la force, engendre les sentiments les plus magnifiques que je connaisse. L'écrivain qui se laisse tromper par les sentiments ne doit pas être mis en ligne de compte avec l'écrivain qui ne se laisse tromper ni par les sentiments, ni par lui-même. La jeunesse se propose des élucubrations sentimentales. L'âge mûr commence à raisonner sans trouble. Il ne faisait que sentir, il pense. Il laissait vagabonder ses sensations : voici qu'il leur donne un pilote. Si je considère l'humanité comme une femme, je ne développerai pas que sa jeunesse est à son déclin, que son âge mûr s'approche. Son esprit change dans le sens du mieux. L'idéal de sa poésie changera. Les tragédies, les poèmes, les élégies ne primeront plus. Primera la froideur de la maxime ! Du temps de Quinault, l'on aurait été capable de comprendre ce que je viens de dire. Grâce à quelques lueurs, éparses, depuis quelques années, dans les revues, les in-folios[LXV], j'en suis capable moi-même. Le genre que j'entreprends est aussi différent du genre des moralistes, qui ne font que constater le

---

[LXV] Pluralización de un término invariable en francés.

análisis de los sentimientos enseña a darlo a conocer, aumenta el vigor de los sentimientos. Con los primeros, todo es incertitud. Son la expresión de la dicha, del dolor, dos extremos. Con el último, todo es certitud. Es la expresión de esa dicha que resulta, en un momento dado, de saber retenerse, en medio de las pasiones buenas o malas. Emplea su calma en fundir la descripción de esas pasiones en un principio que circula a través de las páginas: la no existencia del mal. Los sentimientos lloran cuando deben hacerlo, como cuando no deben. El análisis de los sentimientos no llora. Posee una sensibilidad latente, que toma desprevenido, transporta por encima de las miserias, aprende a pasar de guía, proporciona un arma de combate. Los sentimientos, marca de la debilidad, ¡no son el sentimiento! El análisis del sentimiento, marca de la fuerza, engendra los sentimientos más magníficos que conozco. El escritor que se deja engañar por los sentimientos no debe ser puesto al mismo nivel que el escritor que no se deja engañar por los sentimientos, ni por sí mismo. La juventud se propone elucubraciones sentimentales. La edad madura comienza a razonar sin turbación. No hacía más que sentir, piensa. Dejaba vagar sus sensaciones: y he aquí que les da un piloto. Si considero a la humanidad como una mujer, no desarrollaré que su juventud está en su declive, que su edad madura se acerca. Su espíritu cambia en el sentido de lo mejor. El ideal de su poesía cambiará. Las tragedias, los poemas, las elegías no primarán más. ¡Primará la frialdad de la máxima! En tiempos de Quinault, se habría sido capaz de comprender lo que acabo de decir. Gracias a algunos destellos, espaciados, desde hace algunos años, en las revistas, los infolios, soy capaz de ello yo mismo. El género que emprendo es tan diferente del género de los moralistas, que no hacen más

mal, sans indiquer le remède, que ce dernier ne l'est pas^{LXVI} des mélodrames, des oraisons funèbres, de l'ode, de la stance religieuse. Il n'y a pas le sentiment des luttes.

[83] Élohim est fait à l'image de l'homme^{LXVII}.

[84] Plusieurs choses certaines sont contredites. Plusieurs choses fausses sont incontredites. La contradiction est la marque de la fausseté. L'incontradiction est la marque de la certitude^{LXVIII}.

[85] Une philosophie pour les sciences existe. Il n'en existe pas pour la poésie. Je ne connais pas de moraliste qui soit poète de premier ordre. C'est étrange, dira quelqu'un.

[86] C'est une chose horrible de sentir s'écouler ce qu'on possède. L'on ne s'y attache même qu'avec l'envie de chercher s'il n'a point^{LXIX} quelque chose de permanent^{LXX}.

[87] L'homme est un sujet vide d'erreurs. Tout lui montre la vérité. Rien ne l'abuse. Les deux principes de la vérité, raison, sens, outre qu'ils ne manquent pas de sincérité, s'éclaircissent l'un l'autre. Les sens éclaircissent la raison par des apparences vraies. Ce même service qu'ils lui font, ils le^{LXXI} reçoivent d'elle. Chacun prend sa revanche. Les phénomènes de l'âme pacifient les sens, leur font des impressions que je ne garantis pas fâcheuses. Ils ne mentent pas. Ils ne se trompent pas à l'envi^{LXXII}.

---

^{LXVI} Ducasse dice lo contrario de lo que escribe (y así lo reflejamos en la traducción), pues este «pas» desarrolla inútilmente el «ne» expletivo.

^{LXVII} Ducasse invierte el fragmento del Génesis (1:26-27): «Y dijo Dios: Hagamos al hombre a nuestra imagen, conforme a nuestra semejanza».

^{LXVIII} P166.

^{LXIX} En el original: *s'il n'a point.* Ello no obsta para que pudiese ser una errata pretendidamente irónica.

^{LXX} P636.

^{LXXI} En el original: *la.* Ducasse mantuvo, seguramente por error, el femenino del pensamiento de Pascal aquí reformulado, quien en lugar de «service» (masculino) habla de «piperie» (femenino).

^{LXXII} P43.

que constatar el mal, sin indicar el remedio, como este último lo es de los melodramas, de las oraciones fúnebres, de la oda, de la estanza religiosa. No hay el sentimiento de las luchas.

[83] Elohim está hecho a imagen del hombre.

[84] Varias cosas ciertas son contradichas. Varias cosas falsas son incontradichas. La contradicción es la marca de la falsedad. La incontradicción es la marca de la certitud[124].

[85] Una filosofía para las ciencias existe. No existe para la poesía. No conozco moralista alguno que sea poeta de primer orden. Es extraño, dirá alguien[125].

[86] Es una cosa horrible sentir escurrirse lo que uno posee. Uno no se aferra incluso a ello más que con las ganas de buscar si no hay alguna cosa permanente.

[87] El hombre es un sujeto vacío de errores. Todo le muestra la verdad. Nada lo engaña. Los dos principios de la verdad, razón, sentido, además de que no carecen de sinceridad, se aclaran uno a otro. Los sentidos aclaran la razón con apariencias verdaderas. Ese mismo servicio que le hacen, lo reciben de ella. Cada cual toma su revancha. Los fenómenos del alma pacifican los sentidos, les hacen unas impresiones que no garantizo fastidiosas. No mienten. No se equivocan a porfía.

---

[124] Hemos respetado el neologismo pascaliano *incontradiction* ('ausencia de contradicción'), no registrado en los diccionarios, pero muy propio de su estilo.

[125] Ciertamente, es extraño que, no siendo poetas de primer orden, sean la fuente principal de este segundo opúsculo. Pero hay seguramente una razón de peso: poeta de orden es aquel que aplica los aforismos *II,* 59 y 60, esto es, Isidore Ducasse.

[88] La poésie doit être faite par tous. Non par un. Pauvre Hugo ! Pauvre Racine ! Pauvre Coppée ! Pauvre Corneille ! Pauvre Boileau ! Pauvre Scarron ! Tics, tics, et tics.

[89] Les sciences ont deux extrémités qui se touchent. La première est l'ignorance où se trouvent les hommes en naissant. La deuxième est celle qu'atteignent les grandes âmes. Elles ont parcouru ce que les hommes peuvent savoir, trouvent qu'ils savent tout, se rencontrent dans cette même ignorance d'où ils étaient partis. C'est une ignorance savante, qui se connaît. Ceux d'entre eux qui, étant sortis de la première ignorance, n'ont pu arriver à l'autre, ont quelque teinture de cette science suffisante, font les entendus. Ceux-là ne troublent pas le monde, ne jugent pas plus mal de tout que les autres. Le peuple, les habiles composent le train d'une nation. Les autres, qui la respectent, n'en sont pas moins respectés[LXXIII].

[90] Pour savoir les choses, il ne faut pas en savoir le détail. Comme il est fini, nos connaissances sont solides[LXXIV].

[91] L'amour ne se confond pas avec la poésie.

[92] La femme est à mes pieds[LXXV] !

[93] Pour décrire le ciel, il ne faut pas y transporter les matériaux de la terre. Il faut laisser la terre, ses matériaux, là où ils sont, afin d'embellir la vie par son idéal[LXXVI]. Tutoyer Élohim, lui adresser la parole, est une bouffonnerie qui n'est pas convenable. Le meilleur moyen d'être reconnaissant envers lui, n'est pas de lui corner aux oreilles qu'il est puissant, qu'il a créé le monde, que nous sommes des

---

LXXIII P77.
LXXIV LR106.
LXXV Esta frase se corresponde con el verso 60 del poema «Booz dormido» de *La leyenda de los siglos* (1859) de Hugo: «Et lui ne sentait pas une femme à ses pieds» [«Y no sentía a una mujer a sus pies»].
LXXVI Otra reinterpretación de «Booz dormido», esta vez del último verso: «Cette faucille d'or dans le champ des étoiles» (Steinmetz, 2009: 681).

[88] La poesía debe ser hecha por todos[126]. No por uno. ¡Pobre Hugo! ¡Pobre Racine! ¡Pobre Coppée! ¡Pobre Corneille! ¡Pobre Boileau! ¡Pobre Scarron! Tics, tics, y tics[127].

[89] Las ciencias tienen dos extremidades que se tocan. La primera es la ignorancia en la que se encuentran los hombres al nacer. La segunda es la que alcanzan las grandes almas. Han recorrido lo que los hombres pueden saber, encuentran que ellos lo saben todo, se reencuentran con esa misma ignorancia de donde habían partido. Es una ignorancia sabia, que se conoce. Aquellos de entre ellos que, habiendo salido de la primera ignorancia, no han podido llegar a la otra, tienen cierta tintura de esa ciencia suficiente, se las dan de enterados. Estos no perturban el mundo, no juzgan de todo peor que los otros. El pueblo, los hábiles marcan el paso de una nación. Los otros, que la respetan, no por ello son menos respetados.

[90] Para saber las cosas, no hay que saber el detalle. Como es finito, nuestros conocimientos son sólidos.

[91] El amor no se confunde con la poesía.

[92] ¡La mujer está a mis pies![128]

[93] Para describir el cielo, no hay que transportar allí los materiales de la tierra. Hay que dejar la tierra, sus materiales, allí donde están, a fin de embellecer la vida con su ideal. Tutear a Elohim, dirigirle la palabra, es una bufonería que no es conveniente. El mejor medio de estarle agradecido no es vocearle a los oídos que es poderoso, que ha creado el mundo, que somos gusanillos en comparación con su

---

[126] *todos*: 'todos los fenómenos del alma', en consonancia con el aforismo anterior, modificación del de Pascal (Goldfayn y Legrand, 1962: 164).

[127] Según Goldfayn y Legrand *(íd.)*, podría tratarse de una alusión al famoso «Words, words, words» de *Hamlet*. Este párrafo tiene su corolario en *II*, 101.

[128] Si el amor no debe confundirse con la poesía, entonces la mujer debe ser considerada como un elemento material y no como la inspiradora del poeta.

vermisseaux^LXXVII en comparaison de sa grandeur. Il le sait mieux que nous. Les hommes peuvent se dispenser de le lui apprendre. Le meilleur moyen d'être reconnaissant envers lui est de consoler l'humanité, de rapporter tout à elle, de la prendre par la main, de la traiter en frère. C'est plus vrai.

[94] Pour étudier l'ordre, il ne faut pas étudier le désordre. Les expériences scientifiques, comme les tragédies, les stances à ma sœur, le galimatias des infortunes n'ont rien à faire ici-bas.

[95] Toutes les lois ne sont pas bonnes à dire.

[96] Étudier le mal, pour faire sortir le bien, n'est pas étudier le bien en lui-même. Un phénomène bon étant donné, je chercherai sa cause.

[97] Jusqu'à présent, l'on a décrit le malheur, pour inspirer la terreur, la pitié. Je décrirai le bonheur pour inspirer leurs contraires.

[98] Une logique existe pour la poésie. Ce n'est pas la même que celle de la philosophie. Les philosophes ne sont pas autant que les poètes. Les poètes ont le droit de se considérer au-dessus des philosophes.

[99] Je n'ai pas besoin de m'occuper de ce que je ferai plus tard. Je devais faire ce que je fais. Je n'ai pas besoin de découvrir quelles choses je découvrirai plus tard. Dans la nouvelle science, chaque chose vient à son tour, telle est son excellence.

[100] Il y a de l'étoffe du poète dans les moralistes, les philosophes. Les poètes renferment le penseur. Chaque caste soupçonne l'autre, développe ses qualités au détriment de celles qui la rapprochent de l'autre caste. La jalousie des premiers ne veut pas avouer que les poètes sont plus forts qu'elle. L'orgueil des derniers se déclare incompétent à rendre justice à des cervelles plus tendres. Quelle que soit

---

LXXVII En el original: *vermiceaux.*

grandeza. Lo sabe mejor que nosotros. Los hombres pueden dispensarse de anunciárselo. El mejor medio de estarle agradecido es consolar a la humanidad, reportar todo a ella, tomarla de la mano, tratarla como a un hermano. Es más verdadero.

[94] Para estudiar el orden, no hace falta estudiar el desorden. Las experiencias científicas, como las tragedias, las estanzas a mi hermana[129], los galimatías de los infortunios no tienen nada que hacer aquí abajo.

[95] No todas las leyes son buenas de decir.

[96] Estudiar el mal, para hacer salir el bien, no es estudiar el bien en sí mismo. Dado un fenómeno bueno, buscaré su causa.

[97] Hasta el presente, se ha descrito la desdicha, para inspirar el terror, la piedad. Yo describiré la dicha para inspirar sus contrarios[130].

[98] Una lógica existe para la poesía. No es la misma que la de la filosofía. Los filósofos no son tantos como los poetas. Los poetas tienen el derecho a considerarse por encima de los filósofos.

[99] No tengo necesidad de ocuparme de lo que haré más tarde. Debía hacer lo que hago. No tengo necesidad de descubrir qué cosas descubriré más tarde. En la nueva ciencia, cada cosa llega a su tiempo, tal es su excelencia.

[100] Hay madera de poeta en los moralistas, los filósofos. Los poetas encierran al pensador[131]. Cada casta sospecha de la otra, desarrolla sus cualidades en detrimento de las que la acercan a la otra casta. La envidia de los primeros no quiere confesar que los poetas son más fuertes que ella. El orgullo de los últimos se declara incompetente para rendir justicia a sesos más tiernos. Cualquiera que sea la inteli-

---

[129] Mención probable a *Contes à ma sœur* (1851) de Hégésippe Moreau, citado en *II*, 71.

[130] Referencia a la *Poética* de Aristóteles (Steinmetz, 2001: 392).

[131] De acuerdo con lo dicho en *II*, 77.

l'intelligence d'un homme, il faut que le procédé de penser soit le même pour tous.

[101] L'existence des tics étant constatée, que l'on ne s'étonne pas de voir les mêmes mots revenir plus souvent qu'à leur tour : dans Lamartine, les pleurs qui tombent des naseaux de son cheval, la couleur des cheveux[LXXVIII] de sa mère ; dans Hugo, l'ombre et le détraqué, font partie de la reliure.

[102] La science que j'entreprends est une science distincte de la poésie. Je ne chante pas cette dernière. Je m'efforce de découvrir sa source. À travers le gouvernail qui dirige toute pensée poétique, les professeurs de billard distingueront le développement des thèses sentimentales.

[103] Le théorème est railleur de sa nature. Il n'est pas indécent. Le théorème ne demande pas à servir d'application. L'application qu'on en fait rabaisse le théorème, se rend indécente. Appelez la lutte contre la matière, contre les ravages de l'esprit, application.

[104] Lutter contre le mal, est lui faire trop d'honneur. Si je permets aux hommes de le mépriser, qu'ils ne manquent pas de dire que c'est tout ce que je puis faire pour eux.

[105] L'homme est certain de ne pas se tromper.

[106] Nous ne nous contentons pas de la vie que nous avons en nous. Nous voulons vivre dans l'idée des autres d'une vie imaginaire. Nous nous efforçons de paraître tels que nous sommes. Nous travaillons à conserver cet être imaginaire, qui n'est autre chose que le véritable. Si nous avons la générosité, la fidélité, nous nous empressons de ne

---

[LXXVIII] Nótese el juego paronomástico entre «cheval» y «cheveux», y también irónico, puesto que no deja de ser un «tic».

gencia de un hombre, hace falta que el procedimiento de pensar sea el mismo para todos.

[101] La existencia de los tics constatada, que nadie se extrañe de ver las mismas palabras reaparecer más a menudo de lo debido: en Lamartine, los lloros que caen de los ollares de su caballo, el color de los cabellos de su madre[132]; en Hugo, la sombra y el desequilibrado, son parte de la encuadernación[133].

[102] La ciencia que emprendo es una ciencia distinta de la poesía. No canto esta última. Me esfuerzo por descubrir su fuente. A través del gobernalle que dirige todo pensamiento poético, los profesores de billar[134] distinguirán el desarrollo de las tesis sentimentales.

[103] El teorema es socarrón por naturaleza. No es indecente. El teorema no demanda servir de aplicación. La aplicación que se le da rebaja el teorema, se vuelve indecente. Llamad a la lucha contra la materia, contra los estragos del espíritu, aplicación.

[104] Luchar contra el mal es hacerle demasiado honor. Si permito a los hombres despreciarlo, que no dejen de decir que es todo lo que puedo hacer por ellos.

[105] El hombre está seguro de no equivocarse[135].

[106] No nos contentamos con la vida que tenemos en nosotros. Queremos vivir en la idea de los otros de una vida imaginaria. Nos esforzamos por parecer tal como somos. Trabajamos para conservar este ser imaginario, que no es otra cosa que el verdadero. Si tenemos la generosidad, la fidelidad, nos

---

[132] Ducasse alude a dos textos de Lamartine: el poema «Sultan, le cheval arabe» (1842) y un fragmento de *Confidences* (1949). También en *Graziella* (1852) Lamartine habla a menudo de los cabellos negros de la protagonista.

[133] Este párrafo es el corolario de *II*, 88.

[134] Mención un tanto sorprendente. Quizá habría que relacionarla con lo sostenido en *I*, 47: «la poesía es la geometría», dado que estos profesores destacan por cierto espíritu geométrico.

[135] Versión ducassiana de «*errare humanum est*» (véase *II*, 17).

pas le faire savoir, afin d'attacher ces vertus à cet être. Nous ne les détachons pas de nous pour les y joindre. Nous sommes vaillants pour acquérir la réputation de ne pas être poltrons. Marque de la capacité de notre être de ne pas être satisfait de l'un sans l'autre, de ne renoncer ni à l'un ni à l'autre. L'homme qui ne vivrait pas pour conserver sa vertu serait infâme[LXXIX].

[107] Malgré la vue de nos grandeurs, qui nous tient à la gorge, nous avons un instinct qui nous corrige, que nous ne pouvons réprimer, qui nous élève[LXXX] !

[108] La nature a des perfections pour montrer qu'elle est l'image d'Élohim, des défauts pour montrer qu'elle n'en est pas moins que l'image[LXXXI].

[109] Il est bon qu'on obéisse aux lois. Le peuple comprend ce qui les rend justes. On ne les quitte pas. Quand on fait dépendre leur justice d'autre chose, il est aisé de la rendre douteuse. Les peuples ne sont pas sujets à se révolter[LXXXII].

[110] Ceux qui sont dans le dérèglement disent à ceux qui sont dans l'ordre que ce sont eux qui s'éloignent de la nature. Ils croient le[LXXXIII] suivre. Il faut avoir un point fixe pour juger. Où ne trouverons-nous pas ce point dans la morale[LXXXIV] ?

[111] Rien n'est moins étrange que les contrariétés que l'on découvre dans l'homme. Il est fait pour connaître la vérité. Il la cherche. Quand il tâche de la saisir, il s'éblouit,

---

LXXIX P662.
LXXX P540.
LXXXI P725. Esta es la única vez que en el original se acentúa *Élohim* y la única en la que aparece una mayúscula con tilde.
LXXXII P469.
LXXXIII Lo correcto sería «la», si bien es cierto que todo apunta a que se trata de una de las intervenciones de Ducasse sobre el hipotexto de Pascal.
LXXXIV P591.

apresuramos a no hacerlo saber, a fin de ligar esas virtudes a ese ser. No las desligamos de nosotros para unirlas a él. Somos valientes para adquirir la reputación de no ser poltrones. Marca de la capacidad de nuestro ser de no estar satisfecho de lo uno sin lo otro, de no renunciar ni a lo uno ni a lo otro. El hombre que no viviese para conservar su virtud sería infame.

[107] ¡A pesar de la visión de nuestras grandezas, que nos tiene agarrados por el cuello, tenemos un instinto que nos corrige, que no podemos reprimir, que nos eleva!

[108] La naturaleza tiene perfecciones para mostrar que es la imagen de Elohim, defectos para mostrar que sin embargo no es menos que la imagen[136].

[109] Es bueno que se obedezcan las leyes. El pueblo comprende lo que las hace justas. No se abandonan. Cuando se hace depender su justicia de otra cosa, es fácil volverla dudosa. Los pueblos no están sujetos a rebelarse[137].

[110] Los que están en el desorden dicen a los que están en el orden que son ellos los que se alejan de la naturaleza. Creen seguirlo. Hay que tener un punto fijo para juzgar. ¿Dónde no encontraremos ese punto en la moral?

[111] Nada es menos extraño que las contrariedades que se descubren en el hombre. Está hecho para conocer la verdad. La busca. Cuando trata de asirla, se deslumbra, se

---

[136] Ducasse no puede basar la reescritura de esta parte final en una negación, pues ya lo es en Pascal. En su lugar, añade el sintagma «pas moins». Con ello mantiene la negación, pero la complementa oponiendo la idea de inferioridad a la de superioridad, y aprovecha para jugar con la locución adverbial «il n'en reste pas moins» ('no por eso deja de ser cierto que', 'no obstante'), generando extrañamiento en el lector.

[137] Este es un buen ejemplo de lo cercana al absurdo que puede resultar la reescritura de Ducasse, especialmente cuando la táctica principal es recortar el enunciado original: eliminando el adverbio «voilà» del pensamiento de Pascal —que indica que la subordinada que sigue es consecuencia y resultado de su argumentación— la demostración se pierde, llevando el sintagma a un sinsentido.

se confond de telle sorte, qu'il ne donne pas sujet à lui en disputer la possession. Les uns veulent ravir à l'homme la connaissance de la vérité, les autres veulent la lui assurer. Chacun emploie des motifs si dissemblables, qu'ils détruisent l'embarras de l'homme. Il n'a pas d'autre lumière que celle qui se trouve dans sa nature[LXXXV].

[112] Nous naissons justes. Chacun tend à soi. C'est envers[LXXXVI] l'ordre. Il faut tendre au général. La pente vers soi est la fin de tout désordre, en guerre, en économie[LXXXVII].

[113] Les hommes, ayant pu guérir de la mort, de la misère, de l'ignorance, se sont avisés, pour se rendre heureux, de n'y point penser. C'est tout ce qu'ils ont pu inventer pour se consoler de si peu de maux. Consolation richissime. Elle ne va pas à guérir le mal. Elle le cache pour un peu de temps. En le cachant, elle fait qu'on pense à le guérir. Par un légitime renversement de la nature de l'homme, il ne se trouve pas que l'ennui, qui est son mal le plus sensible, soit son plus grand bien. Il peut contribuer plus que toutes choses à lui faire chercher sa guérison. Voilà tout. Le divertissement, qu'il regarde comme son plus grand bien, est son plus infime mal. Il le rapproche plus que toutes choses de chercher le remède à ses maux. L'un et l'autre sont une contre-preuve de la misère, de la corruption de l'homme, hormis de sa grandeur. L'homme s'ennuie, cherche cette multitude d'occupations. Il a l'idée du bonheur qu'il a gagné ; lequel trouvant en soi, il le cherche, dans les choses extérieures. Il se contente. Le malheur n'est ni dans nous, ni dans les créatures. Il est en Élohim[LXXXVIII].

[LXXXV] PXXI *(Pensées de Port-Royal)*.
[LXXXVI] Ducasse juega con la polisemia del término («otra cara»/«hacia»), para así rimar con el «vers» ('hacia') de la última frase, y que sea el lector quien interprete.
[LXXXVII] P397.
[LXXXVIII] P124.

confunde de tal suerte, que no da razón a disputarle la posesión. Unos quieren arrebatar al hombre el conocimiento de la verdad, otros quieren asegurársela. Cada uno emplea motivos tan disímiles, que destruyen el embarazo del hombre. No tiene otra luz que la que se encuentra en su naturaleza.

[112] Nacemos justos. Cada uno tiende a sí. Es hacia el orden. Hay que tender a lo general. La pendiente hacia sí es el fin de todo desorden, en guerra, en economía.

[113] Los hombres, habiendo podido curarse de la muerte, de la miseria, de la ignorancia, advirtieron, para ser dichosos, de no pensar en absoluto en ello. Es todo lo que pudieron inventar para consolarse de tan pocos males. Consolación riquísima. No va a curar el mal. Lo esconde por poco tiempo. Escondiéndolo, hace que se piense en curarlo. Por una legítima alteración de la naturaleza del hombre, no resulta que el hastío, que es su mal más sensible, sea su mayor bien. Puede contribuir más que cualquier otra cosa a hacerle buscar su curación. Eso es todo. El divertimiento, que considera su mayor bien, es su más ínfimo mal. Lo acerca más que cualesquiera otras cosas a buscar el remedio a sus males. Uno y otro son una contraprueba de la miseria, de la corrupción del hombre, fuera de su grandeza. El hombre se hastía, busca esta multitud de ocupaciones. Tiene la idea de la dicha que ha conquistado; la cual, al encontrarla en sí, la busca en las cosas exteriores. Se contenta. La desdicha no está ni dentro de nosotros, ni dentro de las criaturas. Está en Elohim.

[114] La nature nous rendant heureux en tous états, nos désirs nous figurent un état malheureux. Ils joignent à l'état où nous sommes les peines de l'état où nous ne sommes pas. Quand nous arriverions à ces peines, nous ne serions pas malheureux pour cela, nous aurions d'autres désirs conformes à un nouvel état[LXXXIX].

[115] La force de la raison paraît mieux en ceux qui la connaissent qu'en ceux qui ne la connaissent pas[XC].

[116] Nous sommes si peu présomptueux que nous voudrions être connus de la terre, même des gens qui viendront quand nous n'y serons plus. Nous sommes si peu vains, que l'estime de cinq personnes, mettons six, nous amuse, nous honore[XCI].

[117] Peu de chose nous console. Beaucoup de chose nous afflige[XCII].

[118] La modestie est si naturelle dans le cœur de l'homme, qu'un ouvrier a soin de ne pas se vanter, veut avoir ses admirateurs. Les philosophes en veulent. Les poètes surtout ! Ceux qui écrivent en faveur de la gloire veulent avoir la gloire d'avoir bien écrit. Ceux qui le lisent veulent avoir la gloire de l'avoir lu. Moi, qui écris ceci, je me vante d'avoir cette envie. Ceux qui le liront se vanteront de même[XCIII].

[119] Les inventions des hommes vont en augmentant. La bonté, la malice du monde en général ne reste pas la même[XCIV].

[120] L'esprit du plus grand homme n'est pas si dépendant, qu'il soit sujet à être troublé par le moindre bruit du

---

[LXXXIX] P543.
[XC] P31.
[XCI] P111.
[XCII] P40.
[XCIII] P534.
[XCIV] P25.

[114] La naturaleza haciéndonos dichosos en todos los estados, nuestros deseos nos figuran un estado de desdicha. Unen al estado en que estamos las penas del estado en que no estamos. Cuando llegáramos a esas penas, no seríamos desdichados por ello, tendríamos otros deseos conformes a un nuevo estado.

[115] La fuerza de la razón aparece mejor en los que la conocen que en los que no la conocen.

[116] Somos tan poco presuntuosos[138], que querríamos ser conocidos por la tierra, aun por gentes que vendrán cuando ya no estemos en ella. Somos tan poco vanos, que la estima de cinco personas, pongamos seis, nos divierte, nos honora.

[117] Poco nos consuela. Mucho nos aflige.

[118] La modestia es tan natural en el corazón del hombre, que un obrero cuida de no vanagloriarse, quiere tener sus admiradores. Los filósofos lo quieren. ¡Los poetas sobre todo! Los que escriben en favor de la gloria quieren tener la gloria de haber escrito bien. Los que lo leen quieren tener la gloria de haberlo leído. Yo, que escribo esto, me vanaglorio de tener esas ganas. Los que lo leerán se vanagloriarán del mismo modo[139].

[119] Las invenciones de los hombres van en aumento. La bondad, la malicia del mundo en general no sigue siendo la misma.

[120] El espíritu del más grande hombre no es tan dependiente, como para estar sujeto a turbarse por el menor

---

[138] Con independencia de la rigurosidad en su uso, introducimos la siguiente coma, aun cuando no existe en el original. Se trata de un claro error de imprenta, pues Ducasse la utiliza en todas las oraciones consecutivas con el nexo «tan... que», como sucede en la última frase de este mismo párrafo.

[139] En la actualización de este pensamiento de Pascal, Ducasse no solo sustituye términos como «zafio», «ladrón», «pinche» por «obrero», sino que también introduce a los poetas.

Tintamarre, qui se fait autour de lui. Il ne faut pas le silence d'un canon pour empêcher ses pensées. Il ne faut pas le bruit d'une girouette, d'une poulie. La mouche ne raisonne pas bien à présent. Un homme bourdonne à ses oreilles. C'en est assez pour la rendre incapable de bon conseil. Si je veux qu'elle puisse trouver la vérité, je chasserai cet animal qui tient sa raison en échec, trouble cette intelligence qui gouverne les royaumes[XCV].

[121] L'objet de ces gens qui jouent à la paume avec tant d'application d'esprit, d'agitation de corps, est celui de se vanter avec leurs amis qu'ils ont mieux joué qu'un autre. C'est la source de leur attachement. Les uns suent dans leurs cabinets pour montrer aux savants qu'ils ont résolu une question d'algèbre qui ne l'avait pu être jusqu'ici. Les autres s'exposent aux périls, pour se vanter d'une place qu'ils auraient prise moins spirituellement, à mon gré. Les derniers se tuent pour remarquer ces choses. Ce n'est pas pour en devenir moins sages. C'est surtout pour montrer qu'ils en connaissent la solidité. Ceux-là sont les moins sots de la bande. Ils le sont avec connaissance. On peut penser des autres qu'ils ne le seraient pas, s'ils n'avaient pas cette connaissance[XCVI].

[122] L'exemple de la chasteté d'Alexandre n'a pas fait plus de continents que celui de son ivrognerie a fait de

[XCV] P44.
[XCVI] P126.

ruido del *Tintamarre*[140], que se hace a su alrededor. No hace falta el silencio de un cañón para impedir sus pensamientos. No hace falta el ruido de una veleta, de una polea. La mosca no razona bien ahora. Un hombre zumba en sus oídos. Es suficiente para volverla incapaz de buen consejo. Si quiero que pueda hallar la verdad, ahuyentaré a este animal que pone su razón en jaque, perturba esa inteligencia que gobierna los reinos[141].

[121] El objeto de esas gentes que juegan a la palma[142] con tanta aplicación del espíritu, agitación del cuerpo, es el de vanagloriarse con sus amigos de que han jugado mejor que otro. Es la fuente de su apego. Unos sudan en sus gabinetes para mostrar a los sabios que han resuelto una cuestión de álgebra que no había podido serlo hasta ahora. Otros se exponen a los peligros para vanagloriarse de una plaza que habrían tomado menos espiritualmente, para mi gusto. Los últimos se matan para remarcar estas cosas. No es para devenir menos sabios. Es sobre todo para mostrar que conocen su solidez. Estos son los menos bobos de la banda. Lo son con conocimiento. Se puede pensar de los otros que no lo serían, si no tuvieran ese conocimiento.

[122] El ejemplo de la castidad de Alejandro no ha hecho más continentes que temperantes ha hecho el de su

---

[140] Ducasse utiliza la misma palabra que el pensamiento originario de Pascal, «tintamarre» ('guirigay'), pero, al escribir el nombre con mayúscula y cursiva, mienta el periódico del mismo título, fundado en marzo de 1843, y bajo cuya cabecera se leía: «critique de la réclame, satire des puffistes, journal d'industrie, de littérature, de musique, de modes et de théâtre» [«crítica de la publicidad, sátira de los charlatanes, periódico de industria, de literatura, de música, de modas y de teatro»].

[141] La reflexión es especialmente cómica, ya que es el hombre, al que se refiere con la palabra «animal», quien impide a la mosca razonar (Steinmetz, 2009: 684).

[142] El juego de palma es un deporte de raqueta practicado desde hace cerca de mil años. Se le relaciona con la pelota vasca y la valenciana, y es el precursor de todos los deportes de raqueta.

tempérants. On n'a pas de honte de n'être pas aussi vertueux que lui. On croit n'être pas tout à fait dans les vertus du commun des hommes, quand on se voit dans les vertus de ces grands hommes. On tient à eux par le bout par où ils tiennent au peuple. Quelque élevés qu'ils soient, ils sont unis au reste des hommes par quelque endroit. Ils ne sont pas suspendus en l'air, séparés de notre société. S'ils sont plus grands que nous, c'est qu'ils ont les pieds aussi haut que les nôtres. Ils sont tous à même niveau, s'appuient sur la même terre. Par cette[XCVII] extrémité, ils sont aussi relevés que nous, que les enfants, un peu plus que les bêtes[XCVIII].

[123] Le meilleur moyen de persuader consiste à ne pas persuader.

[124] Le désespoir est la plus petite de nos erreurs[XCIX].

[125] Lorsqu'une pensée s'offre à nous comme une vérité qui court les rues, que nous prenons la peine de la développer, nous trouvons que c'est une découverte[C].

[126] On peut être juste, si l'on n'est pas humain[CI].

[127] Les orages de la jeunesse précèdent les jours brillants[CII].

[XCVII] En el original: *cettre* (tachada a mano la erre).
[XCVIII] P645.
[XCIX] V862.
[C] V9.
[CI] V28.
[CII] V36.

embriaguez. Uno no tiene vergüenza de no ser tan virtuoso como él. Uno cree no haber caído en las virtudes del común de los hombres, cuando se ve en las virtudes de esos grandes hombres. Uno se aferra a ellos por la punta por la que ellos se aferran al pueblo. Por más elevados que estén, están unidos al resto de los hombres por algún lugar. No están suspendidos en el aire, separados de nuestra sociedad. Si son más grandes que nosotros, es que tienen los pies tan arriba como los nuestros. Están todos al mismo nivel, se apoyan sobre la misma tierra. Por esa extremidad, son tan erguidos como nosotros, como los niños, un poco más que las bestias.

[123] El mejor modo de persuadir consiste en no persuadir[143].

[124] La desesperanza es el más pequeño de nuestros errores.

[125] Cuando un pensamiento se ofrece a nosotros como una verdad común y corriente, que nos tomamos la pena de desarrollar, encontramos que es un descubrimiento.

[126] Se puede ser justo, si no se es humano.

[127] Las tormentas de la juventud preceden a los días brillantes.

---

[143] Es opinión generalizada que Ducasse corrige aquí a Pascal, pero no el de *Pensamientos*, sino el de *De l'esprit géométrique*, donde leemos: «[...] l'art de persuader consiste autant en celui d'agréer qu'en celui de convaincre, tant les hommes se gouvernent plus par caprices que par raison» [«el arte de persuadir consiste tanto en el de agradar como en el de convencer, ya que los hombres se gobiernan más por los caprichos que por la razón»]. Podría ser. Pero nos parece poco creíble, pues ¿qué sentido tendría este tipo de reescritura tan alejada de la del resto de correcciones? Más todavía, esta sentencia resume el proceder de Ducasse en *Poesías*, especialmente en *Poesías I*, que no deja de ser un texto persuasivo sobre el arte poético y la legitimación de su autor como literato. Por tanto, más que la reelaboración del original pascaliano, estamos ante una declaración aforística de principios, como otras que salpican el texto, y en este caso de alto voltaje irónico.

[128] L'inconscience, le déshonneur, la lubricité, la haine, le mépris des hommes sont à prix d'argent. La libéralité multiplie les avantages des richesses[CIII].

[129] Ceux qui ont de la probité dans leurs plaisirs en ont une sincère dans leurs affaires. C'est la marque d'un naturel peu féroce, lorsque le plaisir rend humain[CIV].

[130] La modération des grands hommes ne borne que leurs vertus[CV].

[131] C'est offenser les humains que de leur donner des louanges qui élargissent les bornes de leur mérite. Beaucoup de gens sont assez modestes pour souffrir sans peine qu'on les apprécie[CVI].

[132] Il faut tout attendre, rien craindre du temps, des hommes[CVII].

[133] Si le mérite, la gloire ne rendent pas les hommes malheureux ; ce qu'on appelle malheur ne mérite pas leurs regrets. Une âme daigne accepter la fortune, le repos, s'il leur faut superposer la vigueur de ses sentiments, l'essor de son génie[CVIII].

[134] On estime les grands desseins, lorsqu'on se sent capable des grands succès[CIX].

[135] La réserve est l'apprentissage des esprits[CX].

[136] On dit des choses solides, lorsqu'on ne cherche pas à en dire d'extraordinaires[CXI].

[CIII] V50.
[CIV] V46.
[CV] V72.
[CVI] V66.
[CVII] V102.
[CVIII] V71.
[CIX] V88.
[CX] V105.
[CXI] V112.

[128] La inconsciencia, el deshonor, la lubricidad, el odio, el desprecio de los hombres cotizan en dinero. La liberalidad multiplica las ventajas de las riquezas.

[129] Los que tienen probidad en sus placeres tienen una[144] sincera en sus asuntos. Es la marca de una naturaleza poco feroz, cuando el placer vuelve humano.

[130] La moderación de los grandes hombres no limita más que sus virtudes.

[131] Es ofender a los humanos profesarles elogios que expanden los límites de su mérito. Muchas gentes son lo suficientemente modestas para sufrir sin pena que se las aprecie.

[132] Hay que esperarlo todo, nada temer del tiempo, de los hombres.

[133] Si el mérito, la gloria no vuelven a los hombres desdichados; lo que se llama desdicha no merece sus pesares. Un alma se digna aceptar la fortuna, el reposo, si hace falta superponerles el vigor de sus sentimientos, el auge de su genio.

[134] Se estiman los grandes designios, cuando uno se siente capaz de grandes éxitos.

[135] La reserva es el aprendizaje de los espíritus.

[136] Se dicen cosas sólidas, cuando no se busca decir cosas extraordinarias.

---

[144] *una:* 'una probidad'.

[137] Rien n'est faux qui soit vrai ; rien n'est vrai qui soit faux. Tout est le contraire de songe, de mensonge[CXII].

[138] Il ne faut pas croire que ce que la nature a fait aimable soit vicieux. Il n'y a pas de siècle, de peuple qui ait établi des vertus, des vices imaginaires[CXIII].

[139] On ne peut juger de la beauté de la vie que par celle de la mort[CXIV].

[140] Un dramaturge peut donner au mot passion une signification d'utilité. Ce n'est plus un dramaturge. Un moraliste donne à n'importe quel mot une signification d'utilité. C'est encore le moraliste !

[141] Qui considère la vie d'un homme y trouve l'histoire du genre. Rien n'a pu le rendre mauvais[CXV].

[142] Faut-il que j'écrive en vers pour me séparer des autres hommes ? Que la charité prononce !

[143] Le prétexte de ceux qui font le bonheur des autres est qu'ils veulent leur bien[CXVI].

[144] La générosité jouit des félicités d'autrui, comme si elle en était responsable[CXVII].

[145] L'ordre domine dans le genre humain. La raison, la vertu n'y sont pas les plus fortes[CXVIII].

[146] Les princes font peu d'ingrats. Ils donnent tout ce qu'ils peuvent[CXIX].

[147] On peut aimer de tout son cœur ceux en qui on reconnaît de grands défauts. Il y aurait de l'impertinence à croire que l'imperfection a seule le droit de nous plaire.

[CXII] Aquí reescribe un verso de «Le Tombeau d'une mère» *(Harmonies poétiques et religieuses,* 1830) de Lamartine: «Rien n'est vrai, rien n'est faux ; tout est songe et mensonge».

[CXIII] V122.

[CXIV] V140.

[CXV] V156.

[CXVI] V160.

[CXVII] V173.

[CXVIII] V193.

[CXIX] V177.

[137] Nada es falso que sea verdadero; nada es verdadero que sea falso. Todo es lo contrario de ensoñación, de falsificación[145].

[138] No hay que creer que lo que la naturaleza ha hecho amable sea vicioso. No hay siglo, pueblo que haya establecido virtudes, vicios imaginarios.

[139] No se puede juzgar la belleza de la vida más que por la de la muerte.

[140] Un dramaturgo puede dar a la palabra pasión una significación de utilidad. No es ya un dramaturgo. Un moralista da a cualquier palabra una significación de utilidad. ¡Sigue siendo el moralista![146].

[141] Quien considera la vida de un hombre en ella encuentra la historia del género. Nada ha podido volverlo malo.

[142] ¿Hace falta que escriba en verso para separarme de los otros hombres? ¡Que la caridad pronuncie![147].

[143] El pretexto de los que hacen la dicha de los otros es que quieren su bien.

[144] La generosidad goza de las felicidades ajenas, como si fuese la responsable.

[145] El orden domina en el género humano. La razón, la virtud no son en él lo más fuerte.

[146] Los príncipes hacen pocos ingratos. Dan todo lo que pueden.

[147] Se puede amar de todo corazón a aquellos en quienes reconocemos grandes defectos. Habría impertinencia en creer que la imperfección sola tiene el derecho a agradar-

---

[145] Mantenemos la aliteración del original, aquí en «-ación».

[146] Este es un buen ejemplo de ruptura estructural de *Poesías,* puesto que esta máxima, que no es, que sepamos, ninguna corrección de otra preexistente, se inserta entre las reescritas de Vauvenargues.

[147] Ocurre lo mismo que con la máxima *II,* 140. Ambas están vinculadas por su energía, subrayada por los puntos de exclamación. Asimismo, parecen complementarse.

Nos faiblesses nous attachent les uns aux autres autant que pourrait le faire ce qui n'est pas la vertu[CXX].

[148] Si nos amis nous rendent des services, nous pensons qu'à titre d'amis ils nous les doivent. Nous ne pensons pas du tout qu'ils nous doivent leur inimitié[CXXI].

[149] Celui qui serait né pour commander, commanderait jusque sur le trône[CXXII].

[150] Lorsque les devoirs nous ont épuisés, nous croyons avoir épuisé les devoirs. Nous disons que tout peut remplir le cœur de l'homme[CXXIII].

[151] Tout vit par l'action. De là, communication des êtres, harmonie de l'univers. Cette loi si féconde de la nature, nous trouvons que c'est un vice dans l'homme. Il est obligé d'y obéir. Ne pouvant subsister dans le repos, nous concluons qu'il est à sa place[CXXIV].

[152] On sait ce que sont le soleil, les cieux. Nous avons le secret de leurs mouvements. Dans la main d'Élohim, instrument aveugle, ressort insensible, le monde attire nos hommages. Les révolutions des empires, les faces des temps, les nations, les conquérants de la science, cela vient d'un atome qui rampe, ne dure qu'un jour, détruit le spectacle de l'univers dans tous les âges[CXXV].

[153] Il y a plus de vérité que d'erreurs, plus de bonnes qualités que de mauvaises, plus de plaisirs que de peines. Nous aimons à contrôler le caractère. Nous nous élevons au-dessus de notre espèce. Nous nous enrichissons de la considération dont nous la comblâmes. Nous croyons ne pas pouvoir séparer notre intérêt de celui de l'humanité, ne pas médire du genre sans nous commettre nous-mêmes.

[CXX] V176.
[CXXI] V179.
[CXXII] V182.
[CXXIII] V195.
[CXXIV] V198.
[CXXV] V202.

nos. Nuestras debilidades nos atan unos a otros tanto como podría hacerlo lo que no es la virtud.

[148] Si nuestros amigos nos rinden servicios, pensamos que a título de amigos nos lo deben. De ningún modo pensamos que nos deben su enemistad.

[149] El que haya nacido para mandar, mandaría hasta en el trono.

[150] Cuando los deberes nos han agotado, creemos haber agotado los deberes. Decimos que todo puede llenar el corazón del hombre.

[151] Todo vive por la acción. De ahí, comunicación de los seres, armonía del universo. Esta ley tan fecunda de la naturaleza, encontramos que es un vicio en el hombre. Está obligado a obedecerla. No pudiendo subsistir en el reposo, concluimos que está en su sitio.

[152] Se sabe lo que son el sol, los cielos. Tenemos el secreto de sus movimientos. En la mano de Elohim, instrumento ciego, resorte insensible, el mundo atrae nuestros homenajes. Las revoluciones de los imperios, las faces de los tiempos, las naciones, los conquistadores de la ciencia, ello viene de un átomo que repta, no dura más que un día, destruye el espectáculo del universo en todas las edades.

[153] Hay más verdad que errores, más buenas cualidades que malas, más placeres que penas. Nos gusta controlar el carácter. Nos elevamos por encima de nuestra especie. Nos enriquecemos con la consideración con que la colmamos. Creemos no poder separar nuestro interés del de la humanidad, no hablar mal del género sin comprometernos

Cette vanité ridicule a rempli les livres d'hymnes en faveur de la nature. L'homme est en disgrâce chez ceux qui pensent. C'est à qui le chargera de moins de vices. Quand ne fut-il pas sur le point de se relever, de se faire restituer ses vertus[CXXVI] ?

[154] Rien n'est dit. L'on vient trop tôt depuis plus de sept mille ans qu'il y a des hommes. Sur ce qui concerne les mœurs, comme sur le reste, le moins bon est enlevé. Nous avons l'avantage de travailler après les anciens, les habiles d'entre les modernes[CXXVII].

[155] Nous sommes susceptibles d'amitié, de justice, de compassion, de raison. Ô mes amis ! qu'est-ce donc que l'absence de vertu[CXXVIII] ?

[156] Tant que mes amis ne mourront pas, je ne parlerai pas de la mort[CXXIX].

[157] Nous sommes consternés de nos rechutes, de voir que nos malheurs ont pu nous corriger de nos défauts[CXXX].

[158] On ne peut juger de la beauté de la mort que par celle de la vie[CXXXI].

[159] Les trois points terminateurs me font hausser les épaules de pitié. A-t-on besoin de cela pour prouver que l'on est un homme d'esprit, c'est-à-dire un imbécile ? Comme si la clarté ne valait pas le vague, à propos de points !

[CXXVI] V219.
[CXXVII] LB *(Los caracteres)*. Una mancha que entorpece la lectura de esta palabra en la edición príncipe ha provocado que en algunas posteriores aparezca «relevé» y no «enlevé», que es el verbo utilizado por La Bruyère.
[CXXVIII] V298.
[CXXIX] V283.
[CXXX] V247.
[CXXXI] V140.

nosotros mismos. Esta vanidad ridícula ha llenado los libros de himnos en favor de la naturaleza. El hombre está en desgracia donde los que piensan. A ver quién le cargará de menos vicios. ¿Cuándo no estuvo a punto de levantarse, de hacerse restituir sus virtudes?

[154] Nada está dicho. Se llega demasiado pronto después de más de siete mil años que hay hombres. En lo que concierne a las costumbres, como en el resto, lo menos bueno se ha sustraído. Tenemos la ventaja de trabajar después de los antiguos, los hábiles entre los modernos.

[155] Somos susceptibles de amistad, de justicia, de compasión, de razón. ¡Oh amigos míos! ¿qué es pues la ausencia de virtud?

[156] Hasta tanto que mis amigos no mueran, no hablaré de la muerte.

[157] Estamos consternados por nuestras recaídas, por ver que nuestras desdichas han podido corregirnos de nuestros defectos.

[158] No se puede juzgar la belleza de la muerte más que por la de la vida.

[159] Los tres puntos terminadores me hacen encoger los hombros de piedad. ¿Tenemos necesidad de ello para probar que uno es un hombre de ingenio, es decir, un imbécil? ¡Como si la claridad no valiera lo vago, a propósito de puntos!

APÉNDICES

I
CORRESPONDENCIA[1]

---

[1] Las cartas de Isidore Ducasse nos permiten *escuchar* su voz, pero sin que sea posible sacar conclusiones definitivas sobre sus intenciones respecto de *Poesías,* si bien pueden ofrecer alguna pista. La pluralidad de destinatarios tampoco ayuda, pues esto le obligaba a moldear y modular su discurso en función de sus demandas.

Paris, le 9 novembre 1868

Monsieur,
Auriez-vous la bonté de faire la critique de cette bro-
chure dans votre estimable journal. Pour des circonstances
indépendantes de ma volonté, elle n'avait pu paraitre au
mois d'août. Elle parait maintenant à la librairie du Petit
Journal, et au passage Européen chez Weill et Bloch. Je dois
publier le 2e chant à la fin de ce mois-ci chez Lacroix.
Agréez, Monsieur, mes salutations empressées.

L'AUTEUR

[DESTINATARIO DESCONOCIDO; SUPUESTAMENTE UN CRÍTICO][2]

París, 9 de noviembre de 1868

Señor:

Tendría usted la bondad de hacer la crítica de este opúsculo en su estimable periódico. Por circunstancias independientes de mi voluntad, no pudo aparecer en el mes de agosto. Aparece ahora en la librería del *Petit Journal*[3], y en el pasaje Européen en Weil y Bloch[4]. Debo publicar el 2.º canto hacia finales de este mes en Lacroix[5].

Reciba usted, señor, mis más cordiales saludos.

EL AUTOR

---

[2] Esta carta se publicó en facsímil en las obras completas de Lautréamont editadas por Guy Lévis Mano (Éditions GLM) en 1938.

Buena parte de las notas al pie de esta misiva y del resto que conforman la correspondencia de Ducasse procede de la edición de Jean-Luc Steinmetz para la colección La Pléiade (Gallimard, 2009).

[3] Periódico popular, con una tirada de unos veinticinco mil ejemplares. Tenía una librería en la confluencia del boulevard de Montmartre con la rue de Richelieu.

[4] Este callejón albergaba numerosos comercios, como la librería Weil [no «Weill»] y Bloch, cerca de la librería del *Petit Journal,* en el barrio donde vivía Ducasse.

[5] Esta precisión demuestra no solo que Lacroix era el editor elegido para publicar *Los Cantos de Maldoror,* sino que la intención era hacerlo por fascículos.

Paris, 10 novembre 1868

Monsieur,

Je vous envoie 2 exemplaires d'une brochure qui, pour des circonstances indépendantes de ma volonté, n'avait pas pu paraître au mois d'Août. Elle paraît maintenant chez deux libraires du boulevard, et je me suis décidé à écrire à une vingtaine de critiques, pour qu'ils en fassent la critique. Cependant au mois d'Août un journal, la Jeunesse, en avait parlé ! J'ai vu hier à la poste un gamin qui serrait l'*Avenir National* entre ses mains avec votre adresse et alors j'ai résolu de vous écrire. Il y a 3 semaines que j'ai remis le 2ᵉ chant à Mʳ Lacroix pour qu'il l'imprime avec le 1ᵉʳ. Je l'ai préféré aux autres, parce que j'avais vu votre buste dans sa librairie,

[A VICTOR HUGO][6]

París, 10 de noviembre de 1868

Señor:

Le envío 2 ejemplares de un opúsculo que, por circunstancias independientes de mi voluntad, no pudieron aparecer en el mes de agosto. Aparece ahora en dos librerías del bulevar[7], y me he decidido a escribir a una veintena de críticos para que hagan la crítica. Sin embargo, en el mes de agosto, un periódico, *La Jeunesse,* ¡ya había hablado de él![8]. Vi ayer a un chiquillo en la oficina de correos que sujetaba el *Avenir National*[9] entre sus manos con vuestra dirección y entonces decidí escribirle. Hace 3 semanas que remití el 2.º canto al Sr. Lacroix para que lo imprima con el 1.º. Lo he preferido a los otros, porque había visto vuestro busto

---

[6] Carta descubierta en la biblioteca de Victor Hugo en Guernesey, dentro de un ejemplar del *Chant premier* publicado en 1868. Una «r» manuscrita por la mano de Hugo prueba que la respondió. Acaso la respuesta no fue del agrado de Ducasse, lo que provocó las diatribas dirigidas al autor de *Los miserables* en *Poesías.*

[7] Se trata de las dos librerías de la anterior carta: la librería del *Petit Journal* y la Weil y Bloch.

[8] Recensión firmada «Épistémon» en el núm. 5 (1 de septiembre de 1868).

[9] Periódico de oposición al Imperio que había sido embargado el día anterior.

et que je savais que c'était votre libraire. Mais jusqu'ici il n'a pas eu le temps de voir mon manuscrit, parce qu'il est très occupé, me dit-il ; et si vous vouliez m'écrire une lettre, je suis bien sûr qu'en la lui montrant, il se rendrait plus prompt et qu'il lirait le plus tôt possible les deux chants pour les faire imprimer. Depuis dix ans je nourris l'envie d'aller vous voir, mais je n'ai pas le sou.

Il y a 3 fautes d'imprimerie ; les voici : page 7 ligne 10 : Au lieu de : *si ce n'est ces larmes* il faut si ce n'est *ses*

p. 16, l. 12 : *Mais l'homme lui est plus redoutable,* il faut mais l'*Océan*

p. 28. l. antépénultième. Au lieu de *il est brave* il faut *il est beau.*

Voici mon adresse :
M. Isidore Ducasse
rue Notre-Dame-des-Victoires,
23 Hôtel : *À l'union des nations*

Vous ne sauriez croire combien vous rendriez un être humain heureux, si vous m'écriviez quelques mots. Me promettez-vous en outre un exemplaire de chacun des ouvrages que vous allez faire paraître au mois de Janvier ? Et maintenant, parvenu à la fin de ma lettre, je regarde mon audace avec plus de sang-froid, et je frémis de vous avoir écrit, moi qui ne suis encore rien dans ce siècle, tandis que vous, vous y êtes le Tout.

Isidore Ducasse

en su librería y sabía que era su librero. Pero hasta ahora no ha tenido tiempo de mirar mi manuscrito, porque está muy ocupado, según me dice; y si usted quisiera escribirme una carta, estoy seguro de que enseñándosela se daría más prisa y leería lo antes posible los dos cantos para hacerlos imprimir. Llevo diez años alimentando las ganas de ir a verle, pero no tengo un céntimo.

Hay 3 faltas de imprenta; son las siguientes: página 7 línea 10: En lugar de: *si ce n'est ces larmes* tiene que ser «si ce n'est *ses*».

p. 16, l. 12: *Mais l'homme lui est plus redoutable,* tiene que ser «mais l'*Océan*».

p. 28. l. antepenúltima. En lugar de *il est brave* tiene que ser *il est beau.*

Esta es mi dirección:
M. Isidore Ducasse
rue Notre-Dame-des-Victoires,
23 Hôtel: *À l'union des nations*

No creería lo feliz que haría a un ser humano si me escribiese unas pocas palabras. ¿Me promete asimismo un ejemplar de cada una de las obras que hará aparecer usted en el mes de enero?[10]. Y ahora, llegado el final de mi carta, miro mi audacia con más sangre fría, y me estremezco por haberle escrito, yo que todavía no soy nada en este siglo, mientras que usted, usted lo es Todo.

ISIDORE DUCASSE

---

[10] Referencia a la publicación por Hetzel de *Los trabajadores del mar,* que previamente había sido publicada en 1866 por A. Lacroix, Verboeckhoven et Cie.

22 mai 1869

Monsieur,

C'est hier même que j'ai reçu votre lettre datée du 21 mai ; c'était la vôtre. Eh bien, sachez que je ne puis pas malheureusement laisser passer ainsi l'occasion de vous exprimer mes excuses. Voici pourquoi : parce que, si vous m'aviez annoncé l'autre jour, dans l'ignorance de ce qui peut arriver de fâcheux aux circonstances où ma personne est placée, que les fonds s'épuisaient, je n'aurais eu garde d'y toucher ; mais certainement j'aurais éprouvé autant de joie à ne pas vous écrire ces trois lettres que vous en auriez éprouvé vous-même à ne pas les lire. Vous avez mis en vigueur le déplorable système de méfiance prescrit vaguement par la bizarrerie de mon père ; mais vous avez deviné que mon mal de tête ne m'empêche pas de considérer avec attention la difficile situation où vous a placé jusqu'ici une feuille de papier à lettre venue de l'Amérique du Sud, dont le principal défaut était le manque de clarté ; car je ne mets

[A JOSEPH DARASSE][11]

22 de mayo de 1869

Señor:

Ayer mismo recibí su carta fechada el 21 de mayo; era la suya. Pues bien, sepa usted que no puedo desgraciadamente dejar escapar esta ocasión para expresarle mis excusas. Este es el porqué: porque, si me hubiese usted informado el otro día, en la ignorancia de lo que puede sucederle de fastidioso a las circunstancias en las que mi persona se encuentra, que los fondos se agotaban, no me habría privado de tocarlos; pero, seguramente, habría sentido tanta alegría en no escribir esas tres cartas como usted habría sentido en no leerlas. Ha puesto usted en vigor el deplorable sistema de desconfianza prescrito vagamente por la excentricidad de mi padre; pero ha adivinado que mi dolor de cabeza no me impide considerar con atención la difícil situación en que lo ha colocado hasta ahora una hoja de papel de carta llegada de América del Sur, cuyo principal defecto era la falta de claridad; pues no tengo en cuenta la malsonancia

---

[11] Joseph Darasse (1793-1876) fue un banquero que se convirtió en el representante habitual de los funcionarios consulares destinados a países de la América Meridional, como el padre de Ducass, quien le mandató ante su hijo, a quien le pasaba una pensión al mismo tiempo que, parece ser, le gestionaba los gastos.

pas en ligne de compte la malsonnance de certaines observations mélancoliques qu'on pardonne aisément à un vieillard, et qui m'ont paru, à la première lecture, avoir eu l'air de vous imposer, à l'avenir, peut-être, la nécessité de sortir de votre rôle strict de banquier, vis-à-vis d'un monsieur qui vient habiter la capitale...

... Pardon, monsieur, j'ai une prière à vous faire : si mon père vous envoyait d'autres fonds avant le 1er septembre, époque à laquelle mon corps fera une apparition devant la porte de votre banque, vous aurez la bonté de me le faire savoir ? Au reste, je suis chez moi à toute heure du jour ; mais vous n'auriez qu'à m'écrire un mot, et il est probable qu'alors je le recevrai presque aussitôt que la demoiselle qui tire le cordon, ou bien avant, si je me rencontre sur le vestibule...

... Et tout cela, je le répète, pour une bagatelle insignifiante de formalité ! Présenter dix ongles secs au lieu de cinq, la belle affaire : après avoir réfléchi beaucoup, je confesse qu'elle m'a paru remplie d'une notable quantité d'importance nulle...

de ciertas observaciones melancólicas que se perdonan fácilmente a un anciano[12], y que me han parecido, en una primera lectura, haber tenido el aire de imponerle a usted, en lo futuro quizá, la necesidad de abandonar vuestro rol estricto de banquero, con respecto a un señor que viene a vivir a la capital...

... Perdón, señor, tengo que hacerle un ruego: si mi padre le enviase otros fondos antes del 1 de septiembre, época en la que mi cuerpo hará su aparición frente a la puerta de su banco, ¿tendrá usted la bondad de hacérmelo saber? Por lo demás, estoy en casa a cualquier hora del día; pero no tendría usted más que escribirme unas palabras, y es probable entonces que las reciba casi tan pronto como la señorita que tira del cordón, o mucho antes, si me encuentro en el vestíbulo...

... Y todo esto, lo repito, ¡por una bobada insignificante de formalismo! Presentar diez uñas secas en lugar de cinco[13], gran cosa: después de haber reflexionado mucho, confieso que me ha parecido llena de una notable cantidad de importancia nula...

---

[12] En esa fecha el padre de Ducasse tenía sesenta años.
[13] Aunque aparenta ser una forma de excusarse, la expresión evoca el castigo impuesto en las escuelas, donde el estudiante acusado debía mostrar los dedos plegados de una o dos manos para pegarles con una palmeta.

Paris, 23 Octobre [1869]. — Laissez-moi d'abord vous expliquer ma situation. J'ai chanté le mal, comme ont fait Mickiewicz[1], Byron, Milton, Southey, A. de Musset, Baudelaire, etc. Naturellement, j'ai un peu exagéré le diapason pour faire du nouveau dans le sens de cette littérature sublime qui ne chante le désespoir que pour opprimer le lecteur, et lui faire désirer le bien comme remède. Ainsi donc, c'est toujours le bien qu'on chante en somme, seulement par une méthode plus philosophique et moins naïve que l'ancienne école, dont Victor Hugo et quelques autres sont les seuls représentants qui soient encore vivants. Vendez, je ne vous en empêche pas : que faut-il que je fasse pour cela ? Faites vos conditions. Ce que je voudrais, c'est que le service

---

[1] En el original: *Mickiewickz*.

[A AUGUSTE POULET-MALASSIS][14]

París, 23 de octubre [1869]. — Déjeme que ante todo le explique mi situación. He cantado el mal como han hecho Mickiewicz, Byron, Milton, Southey, A. de Musset, Baudelaire[15], etc. Naturalmente, he exagerado un poco el diapasón para hacer algo nuevo en el sentido de esa literatura sublime que no canta la desesperanza más que para oprimir al lector, y hacerle desear el bien como remedio. Así pues, es siempre el bien lo que en suma se canta, solo que por un método más filosófico y menos ingenuo que la antigua escuela, de la que Victor Hugo y algunos otros son los únicos representantes todavía vivos. Venda usted, no se lo impido: ¿qué hace falta que haga para ello? Ponga sus condiciones. Lo que quisiera, es que el servicio de la crítica[16] se haga a

---

[14] Esta carta se encontró en el ejemplar de *Los Cantos de Maldoror* que poseía su destinatario, junto al resto que le envió Ducasse. El conjunto se publicó por primera vez en el núm. 10 (nueva serie) de la revista *Littérature* (1 de mayo de 1923) con un breve comentario de Paul Éluard.
Auguste Poulet-Malassis (1825-1878) fue un editor y bibliógrafo francés, conocido por haber editado el poemario de su amigo Charles Baudelaire, *Las flores del mal*, en 1857.
[15] Excepto Southey, todos estos autores aparecen en *Poesías*. El poeta e historiador inglés Robert Southey (1774-1843) pudo interesar a Ducasse al ser el autor de una historia de Paraguay (*A Tale of Paraguay*, 1825) compuesta en cuatro cantos.
[16] *servicio de la crítica:* 'envío a la crítica'.

de la critique soit fait aux principaux lundistes. Eux seuls jugeront en 1er et dernier ressort le commencement d'une publication qui ne verra sa fin évidemment que plus tard, lorsque j'aurai vu la mienne. Ainsi donc, la morale de la fin n'est pas encore faite. Et cependant il y a déjà une immense douleur à chaque page. Est-ce le mal, cela ? Non, certes. Je vous en serai reconnaissant, parce que si la critique en disait du bien, je pourrais dans les éditions suivantes retrancher quelques pièces, trop puissantes. Ainsi donc, ce que je désire avant tout, c'est être jugé par la critique, et, une fois connu, ça ira tout seul. T.A.V.[II] I. Ducasse[III]

M. I. Ducasse, rue du Faubourg-Montmartre, n° 32.

[II] Abreviatura de «Tout à vous».
[III] Firma.

los principales lunistas[17]. Solo ellos juzgarán en 1.ª y última instancia el comienzo de una publicación que evidentemente no verá su fin sino más tarde, cuando yo haya visto el mío[18]. Así pues, la moraleja final no está todavía hecha. Y sin embargo hay ya un inmenso dolor en cada página. ¿Es el mal, esto? No, por supuesto. Le quedaré agradecido, porque si la crítica hablase bien, podría yo, en las siguientes ediciones, quitar algunas partes demasiado fuertes[19]. Así pues, lo que deseo ante todo es ser juzgado por la crítica, y, una vez conocido, todo caerá por su propio peso. Todo suyo. I. Ducasse

Sr. I. Ducasse, rue de Faubourg-Montmartre, núm. 32.

---

[17] El original «lundiste» (de *lundi,* 'lunes') hace referencia a aquellos articulistas que publicaban sus críticas a principios de semana en los periódicos y revistas.

[18] Esta indicación apunta a que Ducasse concibió una cierta coherencia interna de la obra.

[19] Ducasse confiaba en futuras ediciones, de las que estaba dispuesto a eliminar fragmentos, aunque en la carta de febrero del año siguiente dirigida al mismo destinatario prefiere hablar de corregirlos.

Paris, 27 Octobre. [1869]. — J'ai parlé à Lacroix conformément à vos instructions. Il vous écrira nécessairement. Elles sont acceptées, vos propositions : le Que je vous fasse vendeur pour moi, le Quarante pour % et le 13e ex. Puisque les circonstances ont rendu l'ouvrage digne jusqu'à un certain point de figurer avantageusement dans votre catalogue, je crois qu'il peut se vendre un peu plus cher, je n'y vois pas d'inconvénient. Au reste, de ce côté-là, les esprits seront mieux préparés qu'en France pour savourer cette poésie de révolte. Ernest Naville (correspondant de l'Institut de France) a fait l'année dernière, en citant les philosophes et les poètes maudits, des conférences sur *Le problème du mal,* à Genève et à Lausanne, qui ont dû marquer

[A AUGUSTE POULET-MALASSIS]

París, 27 de octubre [1869]. — He hablado con Lacroix conformemente a vuestras instrucciones[20]. Le escribirá necesariamente. Han sido aceptadas vuestras propuestas: Que yo le haga vendedor para mí, el Cuarenta por % y el ej. 13.º[21]. Puesto que las circunstancias han vuelto la obra digna hasta cierto punto de figurar ventajosamente en vuestro catálogo, creo que puede venderse algo más cara, no veo en ello inconveniente alguno. Por lo demás, de este lado, los espíritus estarán mejor preparados que en Francia[22] para saborear esta poesía de revuelta. Ernest Naville (correspondiente del Instituto de Francia) dictó, el año pasado, citando a los filósofos y a los poetas malditos, conferencias sobre *Le problème du mal,* en Ginebra y Lausana[23], que han debi-

---

[20] De la cercanía de fechas con la carta anterior se infiere que la respuesta a esa misiva por parte de Poulet-Malassis fue inmediata.

[21] La propuesta del editor era, pues, la entrega de un cuarenta por ciento sobre los ejemplares vendidos y, por cada docena de ellos, uno gratuito.

[22] En esa época Poulet-Malassis llevaba seis años refugiado en Bélgica, por lo que la obra será vendida en ese país y, como dice más abajo, en Suiza.

[23] Del 26 de noviembre al 16 de diciembre de 1867, Ernest Naville había pronunciado siete conferencias, primero en Ginebra y luego en Lausana, sobre el problema del mal. Para este filósofo, el mal es «lo que no debe ser», y si en su obra habla de Musset, Hugo, Byron y Milton, no hay rastro de los «poetas malditos» de su época.

leur trace dans les esprits par un courant insensible qui va de plus en plus s'élargissant. Il les a ensuite réunies en un volume. Je lui enverrai un exemplaire. Dans les éditions suivantes, il pourra parler de moi, car je reprends avec plus de vigueur que mes prédécesseurs cette thèse étrange, et son livre, qui a paru à Paris, chez Cherbuliez le libraire, correspondant de la Suisse Romande et de la Belgique, et à Genève, dans la même librairie, me fera connaître indirectement en France. C'est une affaire de temps. Quand vous m'enverrez les exemplaires, vous m'en ferez parvenir 20, ils suffiront.

T.A.V.

I. Ducasse[IV]

[IV] Firma.

do dejar su traza en los espíritus por una corriente insensible que cada vez se ensancha más. Las ha reunido luego en un solo volumen. Le enviaré un ejemplar. En las ediciones siguientes, él podrá hablar de mí, pues retomo con más vigor que mis predecesores esa tesis extraña, y su libro, publicado en París, por el librero Cherbuliez, correspondiente de la Suiza francesa y de Bélgica, y en Ginebra, por la misma librería, me dará a conocer indirectamente en Francia. Es cuestión de tiempo. Cuando me envíe los ejemplares, que sean 20, serán suficientes.

Todo suyo

I. Ducasse

Paris, 21 Février 1870

Monsieur,
Auriez-vous la bonté de m'envoyer *Le Supplément aux poésies de Baudelaire.* Je vous envoie ci-inclus 2 f., le prix, en timbres de la poste. Pourvu que ce soit le plus tôt possible, parce que j'en aurais besoin pour un ouvrage dont je parle plus bas.
J'ai l'honneur etc.

I. DUCASSE[V]
Faubourg-Montmartre, 32

* * *

Lacroix a-t-il cédé l'édition ou qu'en a-t-il fait ? Ou, l'avez-vous refusée ? Il ne m'en a rien dit. Je ne l'ai pas vu depuis lors. —Vous savez, j'ai renié mon passé. Je ne chante plus que l'espoir ; mais, pour cela, il faut d'abord attaquer le doute de ce siècle (mélancolies, tristesses, douleurs, dé-

---

[V] Firma.

[A AUGUSTE POULET-MALASSIS]

París, 21 de febrero de 1870

Señor:

Tenga la bondad de enviarme *Le supplément aux poésies de Baudelaire*[24]. Le incluyo en el envío 2 francos, el precio, en sellos postales. Siempre que sea lo más pronto posible, porque lo necesitaré para una obra de la que hablo más abajo.

Tengo el honor, etc.

I. Ducasse
Faubourg-Montmartre, 32

* * *

¿Lacroix ha cedido la edición o qué ha hecho con ella? ¿O la ha rechazado usted? Él no me ha dicho nada. No lo he vuelto a ver desde entonces. — Usted sabe, he renegado de mi pasado. Ya no canto sino a la esperanza; pero, para ello, primero hay que atacar la duda de este siglo (melancolías, tristezas,

---

[24] Es un opúsculo de 36 páginas, titulado *Complément aux «Fleurs du mal» de Charles Baudelaire,* publicado en 1869, que contiene, entre otras composiciones, seis piezas de la edición de 1857 que habían sido censuradas.

sespoirs, hennissements lugubres, méchancetés artificielles, orgueils puérils, malédictions cocasses etc etc). Dans un ouvrage que je porterai à Lacroix aux 1ers jours de Mars, je prends à part les plus belles poésies de Lamartine, de Victor Hugo, d'Alfred de Musset, de Byron et de Baudelaire, et je les corrige dans le sens de l'espoir ; j'indique comment il aurait fallu faire. J'y corrige en même temps 6 pièces des plus mauvaises de mon sacré bouquin.

DVI

VI Esta rúbrica aparece centrada y rodeada de un círculo después de dos líneas paralelas horizontales.

dolores, desesperanzas, relinchos lúgubres, maldades artificiales, orgullos pueriles, maldiciones chistosas, etc., etc.)[25]. En una obra que llevaré a Lacroix en los 1.⁰ˢ días de marzo, elijo las más bellas poesías de Lamartine, de Victor Hugo, de Alfred de Musset, de Byron y de Baudelaire, y las corrijo en el sentido de la esperanza; indico cómo habría debido hacerse. En ella corrijo al mismo tiempo 6 piezas de las más malas de mi bendito libro.

D

---

[25] Ducasse calca aquí el tono de *I,* 13.

Paris, 12 Mars 1870

Monsieur,
Laissez-moi reprendre d'un peu haut. J'ai fait publier un ouvrage de poésies chez M. Lacroix (B. Montmartre, 15). Mais une fois qu'il fut imprimé, il a refusé de le faire paraître, parce que la vie y était peinte sous des couleurs trop amères, et qu'il craignait le procureur général. C'était quelque chose dans le genre de Manfred de Byron et du Konrad de Mickiewicz[VII], mais, cependant, bien plus terrible. L'édition avait coûté 1200 f., dont j'avais déjà fourni 400 f.

[VII] En el original: *Misçkiéwicz*.

[A JOSEPH DARASSE][26]

París, 12 de marzo de 1870

Señor:

Permítame empezar de un poco atrás. He hecho publicar una obra de poesías, en M. Lacroix (B. Montmartre, 15). Pero, una vez impresa, se ha negado a hacerla aparecer, porque en ella la vida estaba pintada con colores demasiado amargos, y temía al fiscal general. Era algo del género del *Manfred* de Byron y del *Konrad* de Mickiewicz[27], pero sin embargo mucho más terrible. La edición había costado 1200 francos, de los que yo ya había entregado 400 fran-

---

[26] Esta carta, que se publicó en la edición de *Los Cantos de Maldoror* de 1890 (prologada por Léon Genonceaux), desapareció luego para ser encontrada de nuevo en casa de un librero de viejo cerca de Valognes en 1978. Estamos de acuerdo con Ripoll cuando sostiene que la misiva es el origen del malentendido acerca de que *Poesías* debe verse como el reverso de *Maldoror*. Si bien es cierto que da la sensación de que Ducasse pretende ahora cambiar de objetivo y clamar el bien, quizá esta apariencia es mera ironía, la necesaria para dirigirse a quien es... ¡el banquero de su padre! (Ripoll, 2005: 280).

[27] Estos autores ya aparecen en anterior correspondencia. Luego, según Steinmetz (2009: 690), se está refiriendo al artículo de George Sand «Essai sur le drame fantastique. Goethe, Byron, Mickiewicz», publicado en la *Revue des Deux Mondes* (19 de diciembre de 1839) y a la introducción de Christina Ostrowski a *Œuvres poétiques complètes* de Mickiewicz (1845), textos en los que se comparan dichos autores.

Mais, le tout est tombé dans l'eau. Cela me fit ouvrir les yeux. Je me disais que puisque la poésie du doute (des volumes d'aujourd'hui il ne restera pas 150 pages) en arrive ainsi à un tel point de désespoir morne, et de méchanceté théorique, par conséquent, c'est qu'elle est radicalement fausse ; et par cette raison qu'*on y discute les principes, et qu'il ne faut pas les discuter*[VIII]: c'est plus qu'injuste. Les gémissements poétiques de ce siècle ne sont que des sophismes hideux. Chanter l'ennui, les douleurs, les tristesses, les mélancolies, la mort, l'ombre, le sombre, etc, c'est ne vouloir, à toute force, regarder que le puéril revers des choses. Lamartine, Hugo, Musset se sont métamorphosés volontairement en femmelettes. Ce sont les Grandes-Têtes-Molles de notre époque. Toujours pleurnicher ! Voilà pourquoi j'ai complètement changé de méthode, pour ne chanter exclusivement que *l'espoir, l'espérance, LE CALME, le bonheur, LE DEVOIR*[IX]. Et c'est ainsi que je renoue avec les Corneille et les Racine la chaîne du bon sens et du sang-froid, brusquement interrompue depuis les poseurs Voltaire et Jean-Jacques Rousseau. Mon volume ne sera terminé que dans 4 ou 5 mois. Mais, en attendant, je voudrais envoyer à mon père la préface, qui contiendra 60 pages ; chez Al. Lemerre. C'est ainsi qu'il verra que je travaille, et qu'il m'enverra la somme totale du volume à imprimer plus tard.

[VIII] El fragmento en cursiva aparece subrayado en la carta manuscrita.

[IX] En el manuscrito estos términos aparecen subrayados con una línea o con dos. Los subrayados con dos líneas son los transcritos en mayúsculas.

cos. Mas todo se fue a pique. Esto me hizo abrir los ojos. Me dije que, dado que la poesía de la duda (de los volúmenes de hoy no quedarán ni 150 páginas) llega así a un punto tal de desesperanza lóbrega, y de maldad teórica, por consiguiente, es que es radicalmente falsa; es por esta razón que *en ella se discuten los principios, y que no hay que discutirlos*[28]: es más que injusta. Los gemidos poéticos de este siglo no son más que sofismas repulsivos[29]. Cantar el hastío, los dolores, las tristezas, las melancolías, la muerte, la sombra, lo sombrío, etc., es no querer, a la fuerza, más que mirar el pueril reverso de las cosas. Lamartine, Hugo, Musset se han metamorfoseado voluntariamente en nenazas. Son las Grandes-Cabezas-de-Chorlito[30] de nuestra época. ¡Siempre lloriqueando! Esa es la razón por la que he cambiado completamente de método, para no cantar más que exclusivamente *la ilusión, la esperanza, LA CALMA, la dicha, EL DEBER*[31]. Y es así como reanudo con los Corneille y los Racine la cadena del buen sentido y de la sangre fría, bruscamente interrumpida desde los postureadores Voltaire y Jean-Jacques Rousseau. Mi volumen[32] no estará terminado hasta dentro de 4 o 5 meses. Pero, entretanto, quisiera enviar a mi padre el prefacio, que contendrá 60 páginas[33]; publicado por Al. Lemerre. De este modo verá que trabajo, y me enviará la suma total del volumen a imprimir más tarde.

---

[28] «La poesía que discute las verdades necesarias es menos bella que la que no las discute» *(I, 31)*.

[29] Nueva paráfrasis del primer aforismo de *Poesías I*.

[30] Los «Grandes-Cabezas-de-Chorlito» son citados en *I, 47*.

[31] Aunque ya no se autoparafrasea, el tono de esta frase sigue siendo el propio de *Poesías*.

[32] Nada indica, pues, que el proyecto tuviese que materializarse en dos opúsculos.

[33] En la línea de la nota anterior, tampoco es fácil asimilar ese aparato introductorio de sesenta páginas a la estructura fragmentada con la que hoy conocemos *Poesías*.

Je viens, Monsieur, vous demander si mon père vous a dit que vous me délivrassiez de l'argent, en dehors de la pension, depuis les mois de novembre et de décembre. Et, en ce cas, il m'aurait fallu 200 f., pour l'impression de la préface, que je pourrais, envoyer, ainsi, le 22, à Montevideo. S'il n'avait rien dit, auriez-vous la bonté de me l'écrire ?

J'ai l'honneur de vous saluer.

I. Ducasse
15, rue Vivienne

Quiero, señor, preguntarle si mi padre le ha dicho que me entregue usted el dinero, al margen de la pensión, desde los meses de noviembre y diciembre. Y, en tal caso, me harían falta 200 francos para la impresión del prefacio, que yo podría enviar, de este modo, el 22, a Montevideo. Si no le hubiera dicho nada, ¿tendría usted la bondad de escribírmelo?

Tengo el honor de saludarle.

I. Ducasse
15, rue Vivienne

II
TEXTOS DE ATRIBUCIÓN INCIERTA[34]

---

[34] Bajo el título «Documents inédits sur le Comte de Lautréamont (Isidore Ducasse) et son œuvre», Curt Muller presentó, en el número 12-13 de la revista *Minotaure* (mayo de 1939, págs. 73-81), tres textos que podrían atribuirse a Ducasse, en particular los dos primeros.

BALLADE, IMITÉE DE MÜRGER

RISETTE

— Elle s'appelait Risette ; elle était orpheline,
— Comme on l'avait trouvée, un matin, souriante, au bord du chemin, le village l'avait adoptée.
— Elle était blonde comme la déesse des moissons,
— Ses grands yeux bleus, étaient deux étoiles
— Que Dieu avait laissées tomber de son écrin,
— Un soir qu'il comptait ses richesses.
— Elle s'en allait toujours toute seule, à travers les grands prés,
— Tenant par la main un gros chien noir,
— Enfant trouvé comme elle :
— Et quand elle était fatiguée d'effeuiller des marguerites,
— Quand elle avait longtemps causé avec les mésanges et les rouges-gorges des buissons,
— Elle s'asseyait, et prenant dans ses bras la tête de son noir compagnon,

BALADA, IMITADA DE MÜRGER[35]

RISETTE

— Se llamaba Risette; era huérfana,

— Como la habían encontrado, una mañana, sonriente, al borde del camino, el pueblo la había adoptado.

— Era rubia como la diosa de la cosecha,

— Sus grandes ojos azules eran dos estrellas

— Que Dios había dejado caer de su joyero,

— Una noche que contaba sus riquezas.

— Siempre se iba completamente sola, a través de los grandes prados,

— Llevando de la mano un gran perro negro[36],

— Expósito como ella:

— Y cuando estaba cansada de deshojar margaritas,

— Cuando había hablado largo rato con los herrerillos y los petirrojos de los matorrales[37],

— Se sentaba, y tomando entre sus brazos la cabeza de su negro compañero,

---

[35] *** [Anónimo], *La Jeunesse* (París), núm. 3, 1 de agosto de 1868. Esta es la composición que más visos tiene de ser de Ducasse.

[36] Como el bulldog de Maldoror en *Los Cantos* o el del párrafo 25 de *Poesías I*.

[37] Fauna y flora son recursos muy comunes en la literatura de Ducasse.

— Elle s'endormait souriante sous la protection de son ami.

— Et le Bohémien qui passait sur la route,

— En chantant un chant de l'enfer, respectait le sommeil de cette belle enfant.

— On la voyait souvent,

— Ses petits pieds roses et blancs dans l'émeraude du ruisseau,

— Regarder dans l'opale azurée des cieux,

— Les nuages, aux mille formes fantastiques,

— Qui fuyaient rapidement et s'entassaient les uns sur les autres, à l'horizon lointain.

— Quand l'ombre descendait sur la vallée,

— Quand les bruits du jour s'éteignaient un à un,

— Et que, dans un saint recueillement, la nature attendrie écoutait la prière des petits oiseaux,

— La blonde enfant chantait un doux chant d'exilée,

— Et ses yeux, qui regardaient les étoiles, s'emplissaient de larmes.

— Un soir, comme elle ne rentrait pas au village, on la chercha par toute la vallée,

— Elle s'était endormie pour toujours au bord du ruisseau,

— Dieu avait rappelé à lui son étoile,

— Et les sylphes de la nuit l'avaient emportée dans les plis de leurs longues tuniques constellées.

— Les rives du ruisseau qu'elle aimait se couvrirent de petites fleurs bleues,

— Se dormía[38] sonriendo bajo la protección de su amigo.

—Y el Bohemio que pasaba por el camino,

— Cantando un canto del infierno, respetaba el sueño de esa bella niña[39].

— Se la veía a menudo,

— Sus piececitos rosados y blancos en la esmeralda del arroyo,

— Mirar el ópalo azulado de los cielos,

— Las nubes, de mil formas fantásticas,

— Que huían rápidamente y se amontonaban unas sobre otras, en el horizonte lejano.

— Cuando la sombra descendía sobre el valle,

— Cuando los ruidos del día se apagaban uno a uno,

— Y, en un santo recogimiento, la enternecida naturaleza escuchaba la plegaria de los pajaritos[40],

— La rubia niña cantaba un dulce canto de exiliada,

— Y sus ojos, que miraban las estrellas, se llenaban de lágrimas.

— Una noche, como no regresaba al pueblo, la buscaron por todo el valle,

— Se había dormido para siempre a la orilla del arroyo[41],

— Dios había llamado a su estrella,

— Y las sílfides de la noche se la habían llevado en los pliegues de sus largas túnicas consteladas.

— Las riberas del arroyo que ella amaba se cubrieron de florecitas azules,

---

[38] En *Los Cantos,* Maldoror halla a su víctima dormida bajo un plátano.

[39] Este Bohemio, con su canto infernal, se convierte fácilmente en Maldoror, con su bulldog, que obviamente no respetará el sueño de la niña.

[40] Este verso parece inspirar el episodio de los pájaros en el cementerio de *Los Cantos de Maldoror.*

[41] Maldoror deja el cadáver de la niña seguir *durmiendo* bajo el plátano.

— Et le chien, qui errait seul dans les grands prés, venait s'y reposer et pleurer.

— Un soir un poète[X] en passant cueillit une fleur,

— Et le chien, qui voyait briller dans ses yeux le regard humide de son amie, suivit les pas du voyageur,

— Depuis ce temps, la vague seule du ruisseau pleure dans la vallée.

[X] En el original: *poëte*.

— Y el perro, que erraba solo por los grandes prados, venía allí a descansar y a llorar.

— Una tarde un poeta que pasaba por allí recogió una flor,

— Y el perro, que vio brillar en sus ojos la mirada húmeda de su amiga, siguió los pasos del viajero,

— Desde entonces, la ola sola del arroyo llora en el valle.

CHOSES TROUVÉES
DANS UN PUPITRE

7 Novembre 1866

Être possédé par une idée fixe : connaissez-vous ce tourment ?

Non, votre esprit est trop calme, votre sens trop froid et rassis, vous ne soupçonnez pas cette torture. Et bien, j'ai dix-huit ans, l'âme ardente, vierge de toute jouissance excessive, le corps surabondant de vie et tout nerf ; une idée fixe me domine : Être libre.

Voilà mon maître, mon tyran, mon bourreau qui chaque jour me géhenne et me tenaille sans jamais lâcher prise. Je suis dans sa main, sous son fouet. Il me faut vivre, agir et penser comme lui.

Toute comparaison[XI], toute métaphore est trop faible pour rendre sensible mon supplice.

C'est une chaine trop courte qui me rive à un poteau ; c'est un étroit cachot dans lequel je tourne sans cesse en me heurtant aux murs.

Plus encore : c'est la pieuvre du romancier qui me saisit, me tient, me serre dans ses hideux embrassements. Nous

---

[XI] En el original: *cuparaison*.

[220]

COSAS ENCONTRADAS
EN UN PUPITRE[42]

7 de noviembre de 1866

Estar poseído por una idea fija: ¿conocéis ese tormento?

No, vuestra mente está demasiado tranquila, vuestro sentido demasiado frío y sereno, no sospecháis esta tortura. Pues bien, tengo dieciocho años, el alma ardiente, virgen de todo goce excesivo, el cuerpo sobreabundante de vida y todo nervio; una idea fija me domina: Ser libre.

He aquí mi amo, mi tirano, mi verdugo que cada día me atormenta y me atenaza sin soltarme nunca. Estoy en su mano, bajo su látigo. Me hace falta vivir, actuar y pensar como él.

Cualquier comparación, cualquier metáfora es demasiado débil para hacer sensible mi suplicio.

Es una cadena demasiado corta la que me sujeta a un poste; es una estrecha mazmorra en la que me muevo constantemente, golpeándome con los muros.

Más aún: es el pulpo del novelista que me agarra[43], me sostiene, me oprime con sus repulsivos abrazos. No somos

---

[42] *** [Anónimo], *La Jeunesse* (París), núm. 16, 12 de diciembre de 1868.

[43] Esta referencia a *Los trabajadores del mar* (1866) de Victor Hugo, presente también en *Los Cantos de Maldoror*, y el tono del resto del párrafo son datos que legitiman la opinión de que estamos ante un texto del futuro «conde de Lautréamont».

ne faisons plus qu'un : elle me boit, m'aspire, s'assimile mon être. Je ne suis plus moi, je suis elle. L'homme est transformé ; toutes ses facultés son absorbées dans le désir, ce n'est plus qu'une passion servie par la volonté.

Oh ! Un tout petit peu de liberté !

J'ai faim, donnez-moi la pâture ! une heure par jour, qu'est-ce cela ? Ne craignez rien, je n'en ferais pas plus pour être libre, mais, durant une heure, je me dirai : « Tu peux aller où tu veux ; faire à ta fantaisie le bien, le mal, librement, sans contrôle. » Et je serai content.

....

Janvier 1867

Vieillards caducs qui d'une voix cassée
Venez nous dire : « Ah ! que j'ai de regrets ! »
Pourquoi mentir ? Ce n'est pas le lycée
     Que vous pleurez ?
Ce ne sont point et les tristes journées
Le maître dur et le son du tambour ;
C'est la jeunesse aux brillantes années
C'est votre cœur à quinze ans pleins d'amour !

....

1868

J'étais jeune, et j'avais des amours profondes, et mon cœur débordait d'enthousiasme !

Et je me suis mêlé à la foule, j'ai frayé avec mes semblables, disant tout haut ma pensée !

Et ils me regardaient d'un air hébété, sans comprendre.

Et je me suis retiré d'eux, et ils m'ont dit : Orgueilleux !

Et, par moment, dans ma solitude, mes amours, mes enthousiasmes concentrés se répandaient au dehors en

más que uno: ella me bebe, me aspira, se asimila mi ser. Ya no soy yo, soy ella. El hombre está transformado; todas sus facultades están absorbidas en el deseo, no es más ya que una pasión servida por la voluntad.

¡Oh! ¡Un poquito de libertad!

¡Tengo hambre, dadme pasto! una hora al día ¿qué es eso? No temáis nada, no haré nada más por ser libre, pero, durante una hora, me diré: «Puedes ir donde quieras; hacer a tu antojo el bien, el mal, libremente, sin control». Y estaré contento.

....

Enero de 1867

Viejos caducos que con voz quebrada
Venís a decirnos: «¡Ah! ¡Cuántos pesares tengo!»
¿Por qué mentir? ¿No es el liceo
   Lo que lloráis?
No son las tristes jornadas
El maestro severo y el sonido del tambor;
Es la juventud de brillantes años
¡Es vuestro corazón de quince años lleno de amor!

....

1868

¡Era joven, tenía amores profundos y mi corazón rebosaba entusiasmo!

¡Y me mezclé con la multitud, me relacioné con mis semejantes, diciendo bien alto mis pensamientos!

Y me miraron con aire alelado, sin comprender.

Y me aparté de ellos, y me dijeron: ¡Orgulloso!

Y, por momentos, en mi soledad, mis amores, mis entusiasmos concentrados se esparcieron en odas, en discursos;

odes, en discours ; et mes camarades riaient et me mon-
traient au doigt comme un fou.

Alors j'ai souffert, j'ai douté, j'ai maudit, et nul ne m'a
cru sincère.

Ce cœur, naguère si plein de force et d'amour s'est
comme anéanti.

....

***

y mis compañeros se reían y me señalaban con el dedo como a un loco.

Entonces sufrí, dudé, maldije, y nadie me creyó sincero.

Este corazón, antaño tan lleno de fuerza y amor, se ha como anonadado.

....

***

LE COMBAT

Allons, soldat chrétien, voici naître l'aurore,
Ne sois pas plus longtemps plongé dans le sommeil ;
Ton ennemi t'attend, prêt à combattre encore
Pour te prendre au réveil.

Combats avec amour, combats avec courage,
Et ce noir ennemi sur toi ne pourra rien ;
Laisse-le déployer son inutile rage
Et garde un bon maintien.

Il redoute surtout l'arme de la prière ;
Sais te servir chrétien, de ce don précieux ;
Prie à l'aube du jour, dans sa vive lumière
Et sois victorieux.

EL COMBATE[44]

Vamos, soldado cristiano, he aquí la aurora,
Sumido en el sueño deja de estar;
Dispuesto a combatir aún, tu enemigo te espera
Para atraparte al despertar.

Combates de amor, combates de valor,
Y este negro enemigo sobre ti no podrá nada;
Deja que despliegue su inútil furor
Y mantén una buena planta.

Él teme sobre todo el arma de la oración;
Sabes servirte cristiano, de este don precioso;
Reza al amanecer del día, en su viva iluminación
Y sal victorioso.

---

[44] *** [Anónimo], en Évariste Carrance (comp.), *Parfums de l'âme*, Burdeos, Imprimerie de A-R. Chaynes, 1869, págs. 111-112. A pesar de que indiscutibles especialistas en Ducasse, como Jean-Pierre Lasalle, tienen pocas dudas acerca de que es el autor de este poema, nosotros tenemos muchas, empezando por la calidad de la composición, muy alejada del decir lírico de nuestro autor. De hecho, y a diferencia de las dos composiciones precedentes, Jean-Luc Steinmetz lo excluyó —pero sin justificación alguna— en su edición de la Bibliothèque de la Pléiade. Mauro Armiño hizo lo propio en su edición para la Colección Gótica de Valdemar.

Ce perfide ennemi n'épargne point la ruse,
Tous les moyens sont bons pour atteindre son but.
Des plus vaillants héros trop souvent il abuse
Comme d'un vil rebut.

Il saura se glisser jusqu'au fond de ton âme,
Il saura t'embrasser de sa coupable ardeur ;
Et toi croyant brûler d'une divine flamme
Tu livreras ton cœur.

Il saura de ton être ébranler la puissance,
Et saisir de ton cœur la moindre faculté ;
Mais tu peux vaincre encor en gardant l'espérance
Avec la volonté.

Si cette volonté tout entière asservie
Ne sait plus pour le bien tenter aucun effort ;
Si ton âme doutant de l'éternelle vie
N'attend plus que la mort ;

Offre au Dieu tout-puissant cette grande faiblesse,
Découvre-lui ce cœur de combattre lassé,
Car celui qui l'implore au jour de la détresse
N'est jamais délaissé.

Mais maintenant couvert de profondes blessures,
Et pensant que le ciel ne te secondes plus,
Tu parais murmurer que tes peines sont dures,
Tes efforts superflus.

Repousse loin de toi cette crainte outrageante,
Dieu n'abandonne point il ne fait qu'éprouver ;
S'il laisse maintenant ton âme défaillante
C'est pour la relever.

Este pérfido enemigo no escatima para nada en astucia,
Todos los medios son buenos para conseguir su fin.
De los más valientes héroes abusa con demasiada frecuencia
Como un rebús vil.

Sabrá deslizarse hasta el fondo de tu alma,
Sabrá besarte con su culpable exaltación;
Y tú creyendo arder en divina llama
Entregarás tu corazón.

Sabrá de tu ser hacer tambalear el poder,
Y captar de tu corazón la menor facultad;
Pero aún puedes manteniendo la esperanza vencer
Con la voluntad.

Si esta voluntad por completo doblegada
Ya no sabe esfuerzo alguno por el bien tentar;
Si tu alma dudando de la vida eterna
Solo la muerte cabe esperar;

Ofrece al Dios todopoderoso esta gran debilidad,
Descúbrele este corazón de luchar cansado,
Pues quien lo invoca el día de la ansiedad
Nunca es abandonado.

Mas ahora cubierto de profundas heridas,
Y pensando que por el cielo ya no eres secundado,
Pareces murmurar que tus penas son duras,
Tus esfuerzos excusados.

Aparta lejos de ti este miedo ultrajante,
Dios no abandona no hace más que experimentar;
Si deja ahora tu alma tambaleante
Es para poderla levantar.

Comment voudrais-tu donc obtenir la couronne
Ayant toujours vécu dans un profond repos ;
Comme sur terre, au ciel le laurier ne se donne
Qu'à de vaillants héros.

Allons, soldat chrétien, ton courage déploie,
Sache aller s'il le faut contre ton propre cœur ;
Au monde qui de toi croit se faire une proie
Montre ton front vainqueur !

***

Cómo te gustaría pues obtener la corona
Habiendo siempre vivido en profundo reposo;
Como en la tierra, en el cielo el laurel no se dona
Más que a héroes valerosos.

Vamos, soldado cristiano, tu coraje muestra,
Sabe ir si es necesario en contra de tu propio corazón;
Al mundo que de ti cree que eres una presa
¡Muestra tu rostro campeón!

* * *

III
FUENTES ORIGINALES
MODIFICADAS[45]

---

[45] No hemos creído oportuno traducir estos textos dado que su interés radica en ser objeto de la intervención de Ducasse, intervención que se aprecia mucho mejor cotejando las versiones originales francesas. La inclusión del poema de Hugo «Tristeza de Olimpio» se debe a que, a pesar de tratarse de un texto romántico, es reescrito por Ducasse en *II, 69*.

Lorsqu'une pensée s'offre à nous comme une profonde découverte, et que nous prenons la peine de la développer, nous trouvons souvent que c'est une vérité *qui court les rues* (9).

La prospérité fait peu d'amis (17).

On ne peut être juste, si on n'est humain (28).

Les orages de la jeunesse sont environnés de jours brillants (36).

Ceux qui manquent de probité dans les plaisirs n'en ont qu'une feinte dans les affaires : c'est la marque d'un naturel féroce, lorsque le plaisir ne rend point humain (46).

La conscience, l'honneur, la chasteté, l'amour et l'estime des hommes sont à prix d'argent : la libéralité multiplie les avantages des richesses (50).

C'est offenser quelquefois les hommes que de leur donner des louanges, parce qu'elles marquent les bornes de leur mérite ; peu de gens sont assez modestes pour souffrir sans peine qu'on les apprécie (66).

La modération des grands hommes ne borne que leurs vices (72).

Si la gloire et si le mérite ne rendent pas les hommes heureux, ce que l'on appelle bonheur mérite-t-il leurs regrets ? Une âme un peu courageuse daignerait-elle accepter ou la fortune, ou le repos d'esprit, ou la modération, s'il fallait leur sacrifier la vigueur de ses sentiments, et abaisser l'essor de son génie ? (75).

On méprise les grands desseins, lorsqu'on ne se sent pas capable des grands succès (88).

Il faut tout attendre et tout craindre du temps et des hommes (102).

La familiarité est l'apprentissage des esprits (105).

On dit peu de choses solides, lorsqu'on cherche à en dire d'extraordinaires (112).

Il ne faut pas croire aisément que ce que la nature a fait aimable soit vicieux : il n'y a point de siècle et de peuple qui n'aient établi des vertus et des vices imaginaires (122).

La raison ne connaît pas les intérêts du cœur (124).

Les grandes pensées viennent du cœur (127).

On ne peut juger de la vie par une plus fausse règle que la mort (140).

La raison et le sentiment se conseillent et se suppléent tour à tour. Quiconque ne consulte qu'un des deux et renonce à l'autre, se prive inconsidérément d'une partie des secours qui nous ont été accordés pour nous conduire (150).

Qui considérera la vie d'un seul homme, y trouvera toute l'histoire du genre humain, que la science et l'expérience n'ont pu rendre bon (156).

Le prétexte ordinaire de ceux qui font le malheur des autres, est qu'ils veulent leur bien (160).

La générosité souffre des maux d'autrui, comme si elle en était responsable (173).

On peut aimer de tout son cœur ceux en qui on reconnaît de grands défauts. Il y aurait de l'impertinence à croire que la perfection a seule le droit de nous plaire ; nos faiblesses nous attachent quelquefois les uns aux autres autant que [le] pourrait faire la vertu (176).

Les princes font beaucoup d'ingrats, parce qu'ils ne donnent pas tout ce qu'ils peuvent (177).

Si nos amis nous rendent des services, nous pensons qu'à titre d'amis, ils nous les doivent, et nous ne pensons point du tout qu'ils ne nous doivent pas leur amitié (179).

Celui qui serait né pour obéir, obéirait jusque sur le trône (182).

Si l'ordre domine dans le genre humain, c'est une preuve que la raison et la vertu y sont les plus fortes (193).

Lorsque les plaisirs nous ont épuisés, nous croyons avoir épuisé les plaisirs ; et nous disons que rien ne peut remplir le cœur de l'homme (195).

Le feu, l'air, l'esprit, la lumière, tout vit par l'action ; de là la communication et l'alliance de tous les êtres ; de là l'unité et l'harmonie dans l'univers. Cependant cette loi de la nature, si féconde, nous trouvons que c'est un vice dans l'homme ; et, parce qu'il est obligé d'y obéir, ne pouvant subsister dans le repos, nous concluons qu'il est hors de sa place (198).

Ô soleil ! ô pompe des cieux ! qu'êtes-vous ? Nous avons surpris le secret et l'ordre de vos mouvements. Dans la main de l'Être des êtres, instruments aveugles et ressorts peut-être insensibles, le monde, sur qui vous régnez, mérite-rait-il nos hommages ? Les révolutions des empires, la diverse face des temps, les nations qui ont dominé, et les hommes qui ont fait la destinée de ces nations mêmes, les princi-pales opinions et les coutumes qui ont partagé la créance des peuples dans la religion, les arts, la morale et les sciences, tout cela, que peut-il paraître ? Un atome presque invisible, qu'on appelle l'homme, qui rampe sur la face de la terre, et qui ne dure qu'un jour, embrasse en quelque sorte d'un coup d'œil le spectacle de l'univers dans tous les âges (202).

Il y a peut-être autant de vérités parmi les hommes que d'erreurs, autant de bonnes qualités que de mauvaises, au-tant de plaisirs que de peines ; mais nous aimons à contrô-ler la nature humaine, pour essayer de nous élever au-des-sus de notre espèce, et pour nous enrichir de la considéra-tion dont nous tâchons de la dépouiller. Nous sommes si présomptueux, que nous croyons pouvoir séparer notre intérêt personnel de celui de l'humanité, et médire du genre humain, sans nous compromettre. Cette vanité ridicule a rempli les livres des philosophes d'invectives contre la nature. L'homme est maintenant en disgrâce chez tous ceux qui pensent, et c'est à qui le chargera de plus de vices ; mais peut-être est-il sur le point de se relever, et de se faire restituer toutes ses vertus ; car rien n'est Stable, et la philosophie a ses modes comme les habits, la musique, l'architecture, etc. (219).

Nous sommes consternés de nos rechutes, et de voir que nos malheurs même n'ont pu nous corriger de nos défauts (247).

C'est une maxime inventée par l'envie, et trop légèrement adoptée par les philosophes, *qu'il ne faut point louer les hommes avant leur mort*. Je dis, au contraire, que c'est pendant leur vie qu'ils doivent être loués, lorsqu'ils ont mérité de l'être ; c'est pendant que la jalousie et la calomnie, animées contre leur vertu ou leurs talents, s'efforcent de les dégrader, qu'il faut oser leur rendre témoignage. Ce sont les critiques injustes qu'il faut craindre de hasarder, et non les louanges sincères (283)

Nous sommes susceptibles d'amitié, de justice, d'humanité, de compassion et de raison. O mes amis, qu'est-ce donc que la vertu ? (298).

Une maxime qui a besoin de preuves n'est pas bien rendue (603).

Le désespoir est la plus grande de nos erreurs (862).

PASCAL

Rien n'est plus étrange dans la nature de l'homme que les contrariétés que l'on y découvre à l'égard de toutes choses. Il est fait pour connaître la vérité, il la désire ardemment, il la cherche ; et cependant, quand il tâche de la saisir, il s'éblouit, et se confond de telle sorte, qu'il donne sujet de lui en disputer la possession. C'est ce qui fait naître les deux sectes des pyrrhoniens et des dogmatiques, dont les uns ont voulu ravir à l'homme toute la connaissance de la vérité, et les autres tâchent de la lui assurer : mais chacun avec des raisons si peu vraisemblables, qu'elles augmentent la confusion et l'embarras de l'homme ; lorsqu'il n'a point d'autre lumière que celle qu'il trouve dans sa nature (XXI, *Pensées de Port-Royal).*

Les inventions des hommes vont en avançant de siècle en siècle. La bonté et la malice du monde en général reste la même (25).

La faiblesse de la raison de l'homme paraît bien davantage en ceux qui ne la connaissent pas qu'en ceux qui la connaissent (31).

Peu de chose nous console, parce que peu de chose nous afflige (40).

L'homme n'est donc qu'un sujet plein d'erreurs ; rien ne lui montre la vérité ; tout l'abuse. Les deux principes de vérité, la raison et le sens, outre qu'ils manquent souvent de sincérité, s'abusent réciproquement l'un l'autre. Les sens abusent la raison par de fausses apparences : et cette même piperie qu'ils lui apportent, ils la reçoivent d'elle à leur tour : elle s'en revanche. Les passions de l'âme troublent les sens, et leur font des impressions fausses. Ils mentent, et se trompent à l'envi (41).

L'esprit du plus grand homme du monde n'est pas si indépendant, qu'il ne soit sujet à être troublé par le moindre tintamarre qui se fait autour de lui ; il ne faut pas le bruit d'un canon pour empêcher ses pensées, il ne faut que le bruit d'une girouette ou d'une poulie. Ne vous étonnez pas s'il ne raisonne pas bien à présent, une mouche bourdonne à ses oreilles, c'en est assez pour le rendre incapable de bon conseil. Si vous voulez qu'il puisse trouver la vérité, chassez cet animal qui tient sa raison en échec et trouble cette puissante intelligence qui gouverne les villes et les royaumes (44).

Les sciences ont deux extrémités qui se touchent : la première est la pure ignorance naturelle, où se trouvent tous les hommes en naissant. L'autre extrémité est celle où arrivent les grandes âmes, qui, ayant parcouru tout ce que les hommes peuvent savoir, trouvent qu'ils ne savent rien, et se rencontrent dans cette même ignorance d'où ils étaient partis. Mais c'est une ignorance savante qui se connaît. Ceux d'entre eux qui sont sortis de l'ignorance naturelle, et n'ont pu arriver à l'autre, ont quelque teinture de cette science suffisante, et font les entendus. Ceux-là troublent le monde, et jugent plus mal de tout que les autres. Le peuple et les habiles composent pour l'ordinaire le train du monde. Les autres le méprisent, et en sont méprisés (77).

L'homme est si grand que sa grandeur paraît même en ce qu'il se connaît misérable. Il est vrai que c'est être misérable que de se connaître misérable ; mais c'est aussi être grand que de connaître qu'on est misérable. Ainsi toutes ses misères prouvent sa grandeur. Ce sont misères de grand seigneur, misères d'un roi détrôné (105).

Nous sommes si présomptueux que nous voudrions être connus de toute la terre, et même des gens qui viendront quand nous n'y serons plus ; et nous sommes si vains, que l'estime de cinq ou six personnes qui nous environnent nous amuse et nous contente (111).

Quelle chimère est-ce donc que l'homme ? quelle nouveauté, quel chaos, quel sujet de contradiction ? Juge de toutes choses, imbécile, ver de terre, dépositaire du vrai, amas d'incertitude, gloire et rebut de l'univers ; s'il se vante, je l'abaisse ; s'il s'abaisse, je le vante, et le contredis toujours, jusqu'à ce qu'il comprenne qu'il est un monstre incompréhensible (122).

Les hommes n'ayant pu guérir de la mort, de la misère, de l'ignorance, se sont avisés, pour se rendre heureux, de n'y point penser : c'est tout ce qu'ils ont pu inventer pour se consoler de tant de maux. Mais c'est une consolation bien misérable, puisqu'elle va, non pas à guérir le mal, mais à le cacher simplement pour un peu de temps, et que, en le cachant, elle fait qu'on ne pense pas à le guérir véritablement. Ainsi, par un étrange renversement de la nature de l'homme, il se trouve que l'ennui, qui est son mal le plus sensible, est en quelque sorte son plus grand bien, parce qu'il peut contribuer plus que toutes choses à lui faire chercher sa véritable none et que le divertissement, qu'il regarde comme son plus grand bien, est en effet son plus grand mal, parce qu'il l'éloigne plus que toutes choses de chercher le remède à ses maux ; et l'un et l'autre sont une preuve admirable de la misère et de la corruption de l'homme, et en même temps de sa grandeur, puisque l'homme ne s'ennuie de tout et ne cherche cette multitude d'occupations que parce qu'il a l'idée du bonheur qu'il a perdu, lequel ne trouvant pas en soi, il le cherche inutilement dans les choses extérieures, sans se jamais pouvoir contenter, parce qu'il n'est ni dans nous ni dans les créatures, mais en Dieu seul (124).

Que pensez-vous que soit l'objet de ces gens qui jouent à la paume avec tant d'application d'esprit et d'agitation de corps ? Celui de se vanter le lendemain avec leurs amis qu'ils ont mieux joué qu'un autre. Voilà la source de leur attachement. Ainsi les autres suent dans leurs cabinets pour montrer aux savants qu'ils ont résolu une question d'algèbre qui ne l'avait pu être jusqu'ici. Et tant d'autres s'exposent aux plus grands périls pour se vanter ensuite d'une place qu'ils auraient prise aussi sottement, à mon gré. Et enfin les autres se tuent pour remarquer toutes ces choses, non pas pour en devenir plus sages, mais seulement pour montrer qu'ils en connaissent la vanité ; et ceux-là sont les plus sots de la bande, puisqu'ils le sont avec connaissance, au lieu qu'on peut penser des autres qu'ils ne le seraient pas s'ils avaient cette connaissance (126).

Plusieurs choses certaines sont contredites ; plusieurs fausses passent sans contradictions : ni la contradiction n'est marque de fausseté, ni l'incontradiction n'est marque de vérité (166).

L'homme n'est qu'un roseau le plus faible de la nature ; mais c'est un roseau pensant : Il ne faut pas que l'univers entier s'arme pour l'écraser ; une vapeur, une goutte d'eau suffit pour le tuer ; mais, quand l'univers l'écraserait, l'homme serait encore plus noble que ce qui le tue, parce qu'il sait qu'il meurt ; et l'avantage que l'univers à sur lui, l'univers n'en sait rien (186).

Si le nez de Cléopâtre eût été plus court, toute la face de la terre aurait changé (392).

Nous naissons injustes, car chacun tend à soi ; cela est contre tout ordre. Il faut tendre au général, et la pente vers soi est le commencement de tout désordre, en guerre, en police, en économie, etc. (397).

Il serait bon qu'on obéît aux lois et coutumes, parce qu'elles sont lois, et que le peuple comprît que c'est là ce qui les rend justes. Par ce moyen on ne les quitterait jamais : au lieu que, quand on fait dépendre leur justice d'autre chose, il est aisé de la rendre douteuse ; et voilà ce qui fait que les peuples sont sujets à se révolter (469).

J'écrirai ici mes pensées sans ordre, et non pas peut-être dans une confusion sans dessein ; c'est le véritable ordre, et qui marquera toujours mon objet par le désordre même. Je ferais trop d'honneur à mon sujet si je le traitais avec ordre, puisque je veux montrer qu'il en est incapable (472).

La vanité est si ancrée dans le cœur de l'homme, qu'un goujat, un marmiton, un crocheteur, se vante, et veut avoir ses admirateurs, et les philosophes mêmes en veulent. Ceux qui écrivent contre la gloire veulent avoir la gloire d'avoir bien écrit ; et ceux qui le lisent veulent avoir la gloire de l'avoir lu ; et moi, qui écris ceci, j'ai peut-être cette envie, et peut-être que ceux qui le liront l'auront aussi (534).

L'orgueil nous tient d'une possession si naturelle au milieu de nos misères et de nos erreurs, que nous perdons même la vie avec joie, pourvu qu'on en parle (535).

Malgré la vue de toutes nos misères qui nous touchent et qui nous tiennent à la gorge, nous avons un instinct, que nous ne pouvons réprimer, qui nous élève (540).

La nature nous rendant toujours malheureux, en tous états, nos désirs nous figurent un état heureux, parce qu'ils joignent à l'état où nous sommes les plaisirs de l'état où nous ne sommes pas ; et, quand nous arriverions à ces plaisirs, nous ne serions pas heureux pour cela, parce que nous aurions d'autres désirs conformes à un nouvel état (543).

Les belles actions cachées sont les plus estimables. Quand j'en vois quelques-unes dans l'Histoire, elles me plaisent fort. Mais enfin elles n'ont pas été tout à fait cachées, puisqu'elles ont été sues : ce peu, par où elles ont paru, en diminue le mérite ; car c'est là le plus beau, de les avoir voulu cacher (544).

En écrivant ma pensée, elle m'échappe quelquefois ; mais cela me fait souvenir de ma faiblesse que j'oublie à toute heure ; ce qui m'instruit autant que ma pensée oubliée ; car je ne tends qu'à connaître mon néant (555).

J'avais passé beaucoup de temps dans l'étude des sciences abstraites ; mais le peu de gens avec qui on peut communiquer m'en avait dégoûté. Quand j'ai commencé l'étude de l'homme, j'ai vu que ces sciences abstraites ne lui sont pas propres, et que je m'égarais plus de ma condition en y pénétrant que les autres en les ignorant, et je leur ai pardonné de ne s'y point appliquer. Mais j'ai cru trouver au moins bien des compagnons dans l'étude de l'homme, puisque c'est celle qui lui est propre. J'ai été trompé. Il y en a encore moins qui l'étudient que la géométrie (581).

Ceux qui sont dans le dérèglement disent à ceux qui sont dans l'ordre que ce sont eux qui s'éloignent de la nature, et ils croient le suivre. Comme ceux qui sont dans un vaisseau croient que ceux qui sont au bord s'éloignent. Le langage est pareil de tous côtés. Il faut avoir un point fixe pour en juger. Le port règle ceux qui sont dans un vaisseau ; mais où trouverons-nous ce point dans la morale ? (591).

C'est une chose horrible de sentir continuellement s'écouler tout ce qu'on possède, et qu'on s'y puisse attacher sans avoir envie de chercher s'il n'y a point quelque chose de permanent (636).

L'exemple de la chasteté d'Alexandre n'a pas tant fait de continents que celui de son ivrognerie à fait d'intempérants. On n'a pas de honte de n'être pas aussi vicieux que lui. On croit n'être pas tout à fait dans les vices du commun des hommes quand on se voit dans les vices de ces grands hommes. On tient à eux par le bout par où ils tiennent au peuple. Quelque élevés qu'ils soient, ils sont unis au reste des hommes par quelque endroit. Ils ne sont pas suspendus en l'air, et séparés de notre société ; s'ils sont plus grands que nous, c'est qu'ils ont les pieds aussi bas que les nôtres. Ils sont tous à même niveau, et s'appuient sur la même terre, et par cette extrémité ils sont aussi abaissés que nous, que les enfants, que les bêtes (645).

Nous ne nous contentons pas de la vie ne nous avons en nous et notre propre être : nous voulons vivre dans l'idée des autres, d'une vie imaginaire, et nous nous efforçons pour cela de paraître. Nous travaillons incessamment à embellir et conserver cet être imaginaire, et négligeons le véritable. Et, si nous avons, ou la tranquillité, ou la générosité, ou la fidélité, nous nous empressons de le faire savoir, afin d'attacher ces vertus à cet être d'imagination : nous les détacherons plutôt de nous pour les y joindre, et nous serions volontiers poltrons, pour acquérir la réputation d'être vaillants. Grande marque du néant de notre propre être, de n'être pas satisfait de l'un sans l'autre, et de renoncer souvent à l'un pour l'autre ! Car qui ne mourrait pour conserver son honneur, celui-là serait infâme (662).

La nature a des perfections pour montrer qu'elle est l'image de Dieu, et des défauts pour montrer qu'elle n'en est que l'image (725).

LA ROCHEFOUCAULD

Si nous n'avions point de défauts, nous ne prendrions pas tant de plaisir à en remarquer dans les autres (31).

L'amour de la justice n'est, en la plupart des hommes, que la crainte de souffrir l'injustice (78).

Pour savoir bien les choses, il en faut savoir le détail, et comme il est presque infini, nos connaissances sont toujours superficielles et imparfaites (106).

C'est une preuve de peu d'amitié de ne s'apercevoir pas du refroidissement de celle de nos amis (590).

La Bruyère

Tout est dit, et l'on vient trop tard depuis plus de sept mille ans qu'il y a des hommes, et qui pensent. Sur ce qui concerne les mœurs, le plus beau et le meilleur est enlevé ; l'on ne fait que glaner après les anciens et les habiles d'entre les modernes (*Les Caractères,* « Des Ouvrages de l'Esprit », 1).

Victor Hugo[XIII]

[...]
« Toutes les passions s'éloignent avec l'âge,
L'une emportant son masque et l'autre son couteau,
Comme un essaim chantant d'histrions en voyage
Dont le groupe décroît derrière le coteau.
« Mais toi, rien ne t'efface, Amour ! toi qui nous charmes !
Toi qui, torche ou flambeau, luis dans notre brouillard !
Tu nous tiens par la joie, et surtout par les larmes ;
Jeune homme on te maudit, on t'adore vieillard.
[...]

[XIII] La única modificación de envergadura que Ducasse realizó en un texto literario del Romanticismo tuvo como objeto el final del poema «Tristeza de Olimpio» de Victor Hugo (fechado el 21 de octubre de 1837 y publicado en *Les Rayons et les Ombres,* 1840), que ahora reproducimos.

« Quand notre âme en rêvant descend dans nos entrailles,
Comptant dans notre cœur, qu'enfin la glace atteint,
Comme on compte les morts sur un champ de batailles,
Chaque douleur tombée et chaque songe éteint,

« Comme quelqu'un qui cherche en tenant une lampe,
Loin des objets réels, loin du monde rieur,
Elle arrive à pas lents par une obscure rampe
Jusqu'au fond désolé du gouffre intérieur ;

« Et là, dans cette nuit qu'aucun rayon n'étoile,
L'âme, en un repli sombre où tout semble finir,
Sent quelque chose encor palpiter sous un voile...
C'est toi qui dors dans l'ombre, ô sacré souvenir !

IV
GLOSARIO
DE NOMBRES PROPIOS CITADOS[46]

---

[46] Para la edición de este repertorio hemos seguido las ediciones de Jean-Pierre Goldenstein, Hubert Juin y de Jean-Luc Steinmetz, así como la catalana de Ricard Ripoll. «D» significa dedicatarios; «PI»: *Poesías I,* y «PII»: *Poesías II.*

ADAMASTOR (PI). Personaje mitológico creado por el poeta portugués Luís de Camões en su epopeya *Os Lusíadas,* como símbolo de las fuerzas de la naturaleza a las que los navegantes portugueses debían vencer durante sus descubrimientos.

ALLAN (véase POE).

ARIMÁN (o AHRIMAN) (PI). Espíritu del mal de la religión iraní. Su nombre significa 'espíritu atormentador' y es, según el zoroastrismo, el jefe de todo mal.

ARISTÓTELES (PII). Filósofo griego (384 a. C.-322 a. C.). Junto con Platón, de quien fue discípulo, es uno de los pensadores más relevantes de la filosofía occidental.

AUGUSTO (PII). Emperador romano (63 a. C.-14).

AYMARD (PII). Gustave Aymard, seudónimo de Olivier Groux (1818-1883), fue un novelista francés conocido por sus «novelas americanas» para periódicos de la época.

BACON (PII). Puede ser una referencia a Roger Bacon (1214-1294), teólogo y filósofo, considerado uno de los padres del método experimental, o al filósofo, político, abogado y escritor inglés, padre del empirismo filosófico y científico, Francis Bacon (1561-1626). Nos inclinamos por esta segunda opción, ya que Ducasse lo cita junto a uno de sus estudiosos, Armand Biéchy.

BALZAC (PI). Honoré de Balzac (1799-1850) fue el máximo representante de la novela realista francesa del siglo XIX.

BAUDELAIRE (PI). Charles Baudelaire (1821-1867) es considerado el primer poeta moderno. Autor de, entre otros, *Las flores del mal* (1857), uno de los poemarios más influyentes de la historia literaria mundial. Su producción lírica abarca también los poemas en prosa. Fue, además, ensayista y crítico de arte.

BIÉCHY (PII). Armand Biéchy (1813-1882) fue un profesor de filosofía, autor del *Essai sur la méthode de Bacon*.

BLEUMSTEIN (D). Joseph Bleumstein sigue siendo desconocido hasta la fecha, si bien todo apunta a que se trata de Jean Bleumstein (1858-1889), originario de Buenos Aires y alumno del liceo de Pau durante el curso 1865-66. La diferencia de edad con Ducasse hace pensar que este fue su protector durante su estancia en la ciudad francesa. No se sabe nada de su posterior relación, que, si tuvo lugar, debió desarrollarse en París entre 1868 y 1870.

BOILEAU (PII). Nicolas Boileau (1636-1711) fue un poeta y crítico francés, autor de *L'Art poétique* (1674).

BUDA (PII). Buda Gautama, (563 a. C.-483 a. C) fue un príncipe de Kapilavastu, asceta, meditador, eremita y maestro espiritual.

BYRON (PI, PII). George Gordon Noel Byron (1788-1824) fue un poeta inglés, referente indiscutible del Romanticismo.

CAÍN (PI). Primer hijo de Adán y Eva, condenado a errar durante toda su vida por haber matado a su hermano Abel. Poetas románticos, como Hugo y Byron, lo consideraron un héroe rebelde.

CALÍGULA (PI). Cayo Julio César Augusto Germánico (14-41), emperador romano, es conocido por la locura que le llevó a considerarse Dios. En 1837, Alexandre Dumas publicó una tragedia en verso de cinco actos titulada *Caligula*.

CAMÓES (PII). Luís Vaz de Camões (1525-1580) fue un poeta portugués, autor de *Os Lusíadas* (1572).

CAPENDU (PII). Ernest Capendu (1826-1868) fue un escritor francés de series populares.

CHATEAUBRIAND (PI). François René de Chateaubriand (1768-1848) fue un escritor francés, iniciador y uno de los máximos representantes del Romanticismo.

CHÉNIER (PII). André Chénier (1762-1794) fue el poeta francés más importante del Siglo de las Luces. Representa el eslabón entre el clasicismo y el Romanticismo.

CLEOPATRA (PII). Cleopatra VII Thea Filopátor (69 a. C.-30 a. C.) fue la última gobernante de la dinastía ptolemaica del Antiguo Egipto.

COBB (PI). Seudónimo de Jules Lermina (1839-1915), William Cobb fue un periodista y literato galo, editor de diferentes periódicos prohibidos por el Imperio. En 1885 se publicaron sus *Histoires incroyables,* entre las que se contaba el relato «Les fous», citado por Ducasse, y que había sido publicado en revista antes de 1870.

COLOMBA (PI). Colomba della Rebbia es la protagonista del cuento *Colomba* (1840) de Prosper Mérimée. Hará todo lo posible para que su hermano Orso vengue la muerte de su padre.

CONFUCIO (PII). Reconocido filósofo chino (551 a. C.-479 a. C.) cuya doctrina no teísta, con aplicaciones espirituales, rituales y morales, recibió el nombre de confucianismo. Su pensamiento estructuró las bases de la cultura y el gobierno chinos durante más de dos milenios.

COOPER (PI). James Fenimore Cooper (1789-1851) fue un escritor estadounidense, autor de novelas de aventuras, entre ellas la célebre *El último mohicano.*

COPPÉE (PII). François Coppée (1842-1908) fue un poeta y dramaturgo francés.

CORDAY (PI). Charlotte Corday d'Armont (1768-1793), revolucionaria francesa defensora de la causa girondina, fue famosa por haber apuñalado a Marat.

CORNEILLE (PI, PII). Pierre Corneille (1606-1684) fue, con Racine, el principal dramaturgo francés del siglo XVII.

CORSARIO (PI). Personaje del poema «El corsario» de Byron, en el que aparece con el nombre de Conrad.

DAMÉ (D). En 1868, Frédéric Damé (1849-1907), cuando era estudiante de Derecho en París, publicó un opúsculo titulado *Les Lanières, satires,* y creó un semanario estudiantil, *L'Avenir,* impreso por el mismo editor que *Poesías,* Balitout, que fue rápidamente prohibido (solo se publicaron seis números, de diciembre de 1869 a febrero de 1870). En 1872 se marchó a Rumanía, donde se ganó la vida colaborando en diferentes periódicos.

DANTE (PII). Dante Alighieri (1265-1321) fue un poeta y escritor italiano, conocido principalmente por ser el autor de la *Divina Comedia,* obra cumbre de la literatura universal.

DAVID (PII). Rey de Judá y de Israel, es un personaje bíblico famoso por haber vencido al gigante Goliat.

DAZET (D). Georges-Édouard-Alexis Dazet (1852-1920) era el menor de los tres hijos de Jean Dazet, jurista, concejal de Tarbes y tutor de Ducasse cuando este, a partir de 1859, fue interno en el liceo de esa ciudad. Ducasse conoció a Dazet durante las cortas vacaciones escolares, cuando iba, principalmente los domingos, a su casa familiar. Alumno brillante, siguió sus estudios en París en octubre de 1867. Ducasse pudo haberlo frecuentado de nuevo en esa época. Una vez convertido en abogado, Dazet hará una exitosa carrera política, primero en el Partido Obrero Francés y luego en la Sección Francesa de la Internacional Obrera. Su nombre aparece en la versión primigenia del primer canto de *Maldoror* (1868). Después de una segunda donde su identidad se limita a la inicial de su apellido seguida de tres puntos suspensivos, en la última y definitiva es sustituido por nombres de animales, tales como un pulpo o un sapo, entre otros.

DEA (PI). Personaje de *El hombre que ríe,* novela de Victor Hugo. Es una chica ciega enamorada del «monstruo» Gwynplaine.

DELMAS (D). Jean-Auguste Delmas (1845-1880) fue uno de los más brillantes alumnos del liceo de Pau, donde estaba dos cursos por encima del de Ducasse, aunque compartían sala de estudios.

DESCARTES (PII). René Descartes (1596-1650) fue un filósofo, físico y matemático francés, autor del *Discurso del método* (1637), muy conocido por su frase «*Cogito ergo sum*» [«Pienso, luego existo»].

Dickens (PII). Charles John Huffam Dickens, conocido como Charles Dickens (1812-1870), fue un escritor inglés creador de algunos de los personajes de ficción más conocidos en el mundo. Es considerado por muchos no solo el mejor novelista de la época victoriana, sino uno de los mejores de todos los tiempos.

Diguet (PII). Charles Diguet (1836-1909), periodista, poeta y novelista francés, fue el secretario de Alexandre Dumas y autor de opúsculos frívolos.

Don Juan (PI). Don Juan es un personaje de ficción que aparece por primera vez en el siglo xvii en una obra de teatro de Tirso de Molina, representada en 1630. El mito ha sido retomado en numerosas obras literarias, musicales, pictóricas o cinematográficas.

Du Terrail (PI). Pierre Alexis, vizconde de Ponson du Terrail (1829-1871), fue un prolífico novelista francés. Se le recuerda hoy especialmente por la creación del personaje de Rocambole.

Dumas (PI). Alexandre Dumas (1802-1870) fue un novelista y dramaturgo francés autor de novelas históricas y de aventuras, entre las que destacan *Los tres mosqueteros* y *El conde de Montecristo*.

Dumas hijo (PI). Hijo natural de Alexandre Dumas, Alexandre Dumas hijo (1824-1895) fue también novelista y dramaturgo, cuya obra más conocida es *La dama de las camelias* (1848).

Durand (D). Joseph Durand no ha podido ser todavía identificado.

Durcour (D). Hasta que en 2016 Gérard Touzeua no descubrió que su verdadera identidad era Louis d'Hurcourt (1853-1920), fue el gran desconocido de los dedicatarios de *Poesías*. Se sabe que, como Dazet, Sircos y otros personajes de *Los Cantos de Maldoror,* era rubio. Fue polifacético: escritor, crítico de arte, periodista, esgrimista reputado y de ideas germanofóbicas. Pudo haber inspirado al personaje maldororiano de Mervyn: sus padres vivían en el Faubourg Saint-Denis, donde termina el recorrido de Mervyn, y tenía precisamente su misma edad, dieciséis años y cuatro meses, cuando Ducasse escribió el sexto canto. Los nuevos datos sobre este personaje apuntan a que pudo mantener una relación homosexual con nuestro autor.

ELHOIM (PII). Forma plural hebrea con la que se denomina a los poderes de la divinidad. Ducasse se refiere a Dios con este nombre, y bien pudo inspirarse del cuadro de William Blake *Elohim creating Adam* (1795).

ESQUILO (PI). Poeta trágico griego (525 a. C.-456 a. C.).

EURÍPIDES (PI). Poeta trágico griego (480 a. C.-406 a. C.).

FAUSTO (PI, PII). Personaje literario. Ducasse piensa en el *Fausto* de Goethe, que representa la lucha entre este y Mefistófeles.

FÉLIX (PII). Célestin Joseph Félix (1810-1891) fue un predicador francés, autor de conferencias dictadas en Notre-Dame de París.

FÉVAL (PI). Paul-Henri-Corentin Féval (1817-1887) fue un escritor francés de folletines que llegó a competir en popularidad con los grandes folletinistas de su época, como Dumas y Eugène Sue.

FLAUBERT (PI). Gustave Flaubert (1821-1880) fue un renombrado escritor francés, autor de *Madame Bovary* (1857) y *La educación sentimental* (1869).

FRANK (PI). Referencia al cazador Frank, protagonista del poema dramático *La coupe et les lèvres* (1833) de Alfred de Musset, quien maldice a los recién nacidos, el trabajo y la esperanza. *La coupe et les lèvres* es una de las influencias en la obra literaria de Ducasse.

GABORIAU (PII). Émile Gaboriau (1832-1873) fue un escritor y periodista francés, precursor de la novela policíaca y la novela negra en su país, inspirándose en las *Historias extraordinarias* de Poe.

GAGNE (PII). Paulin Gagne (1808-1876) fue un abogado y autor de poemas burlescos.

GAUTIER (PI). Théophile Gautier (1811-1872) fue uno de los máximos representantes y teóricos del Romanticismo literario francés.

GILBERT (PII). Nicolas Gilbert (1750-1780) fue un poeta galo cuya fama deriva de la obra *Stello* de Alfred de Vigny, quien evoca el mito del poeta fallecido en plena juventud a través, entre otras, de su figura. Fue considerado, con Jacques-Charles-Louis Clinchamps de Malfilâtre, un ejemplo de poeta maldito por los románticos franceses.

GOETHE (PI, PII). Novelista, dramaturgo, poeta y estadista, Johann Wolfgang Goethe (1749-1832) es considerado el más alto representante de las letras alemanas.

GRAZIELLA (PII). Personaje protagónico de un episodio del mismo título de *Confidences* de Lamartine (1849), que, publicado por separado en 1852, fue su obra más leída. En ella, retomando ciertos temas queridos por el Romanticismo, Lamartine evoca Italia y especialmente la región napolitana, donde estuvo dos veces, primero durante su juventud, en 1811 y 1812, y luego en 1844, en compañía de su esposa y sus sobrinas.

GWYNPLAINE (PI). Protagonista de *El hombre que ríe* (1869), de Victor Hugo, cuya cara está deformada por una monstruosa sonrisa.

HINSTIN (D). Gustave Hinstin (1834-1894) fue profesor de retórica de Ducasse en el liceo de Pau, donde leyó en voz alta una redacción de su alumno, que criticó severamente por su énfasis y tenebrosidad. Ducasse llegó incluso a ser castigado por ello.

HOMERO (PII). Nombre mítico bajo el que se conoce al autor o autores de los dos poemas clave de la cultura griega, la *Ilíada* y la *Odisea*.

HUGO (PI, PII). Victor Hugo (1802-1885) fue un poeta, novelista, dramaturgo, ensayista y pintor francés, figura clave del Romanticismo. Su teatro contribuyó al triunfo del drama romántico, que definió en su famoso prefacio de *Cromwell* (1827).

IRIDION (PI). Personaje del poema dramático *Iridion* (1836) del polaco Zygmunt Krasinski.

JEAN-PAUL (PI). Jean-Paul Richter (1763-1825) fue un escritor alemán, autor de *Siebenkas* (1796-197), que en Francia fue dado a conocer y traducido por Mme. de Staël.

JEREMÍAS (PII). Personaje bíblico, conocido por sus lamentaciones.

JESUCRISTO (PII). Jesús de Nazaret *(c.* 4 a. C.-*c.* 30-33 d. C.) fue un predicador y líder religioso judío.

JIMENA (PII). Heroína de *El Cid* de Pierre Corneille (1637), amante de Rodrigo.

JOB (PII). Patriarca bíblico.

JOCELYN (PI). Protagonista del extenso poema *Jocelyn* (1836) de Alphonse de Lamartine.

KLOPSTOCK (PII). Friedrich Gottlieb Klopstock (1724-1803) fue un poeta alemán, autor del poema épico *Der Messias* (1773), compuesto de veinte mil versos.

KONRAD (PII). Protagonista de *Konrad Wallenrod* de Adam Mickiewicz.

LA CALPRENÈDE (PII). Gautier de Coste La Calprenède (1614-1663) fue un novelista francés.

LA HARPE (PII). Jean-François de La Harpe (1739-1803) fue un dramaturgo, escritor y crítico literario francés.

LACORDAIRE (PII). Jean-Baptiste Henri Lacordaire (1802-1861) fue un eclesiástico, predicador, periodista, teólogo y activista político francés, que pasaba por ser el mejor orador de púlpito del siglo XIX.

LAMARTINE (PI, PII). Alphonse de Lamartine (1790-1869), poeta, novelista e historiador, fue una de las figuras principales del Romanticismo francés, cuyas *Meditaciones poéticas* (1820) son consideradas su punto de partida.

LANDELLE (PII). Guillaume-Joseph-Gabriel de la Landelle (1812-1886) fue un escritor francés especializado en relatos marítimos.

Lara (PI). El conde Lara es un personaje satánico de la obra del mismo título de Byron (1814), continuación de *El Corsario*.

Leconte (PI). Leconte de Lisle, seudónimo de Charles Marie René Leconte (1818-1894), fue un poeta galo, principal exponente del parnasianismo.

Legouvé (PII). Ernest Legouvé (1807-1903) fue un escritor francés que abordó prácticamente todos los géneros literarios con éxito.

Lérmontov (PI). Mijaíl Yúrievich Lérmontov (1814-1841), escritor y poeta romántico ruso, influenciado por Byron.

Lespès (D). Paul Lespès (1846-1935) fue el condiscípulo de Ducasse en clase de Retórica y de Filosofía en el liceo de Pau. Estudió Derecho en París en 1866, acabando primero como abogado y luego como magistrado. Recibió un ejemplar de *Los Cantos de Maldoror*. Es el único dedicatario que nos ha legado un testimonio directo de la vida de Ducasse cuando, en 1928, le entrevistó el periodista François Alicot.

Malebranche (PII). Nicolas Malebranche (1638-1715) fue un teólogo y filósofo francés, discípulo de san Agustín y de Descartes.

Malfilâtre (PII). Jacques-Charles-Louis Clinchamps de Malfilâtre (1732-1767) fue un poeta francés que se convirtió, junto con Nicolas Gilbert, en el modelo de poeta maldito para los románticos.

Manfred (PI, PII). Protagonista solitario y satánico del drama del mismo título de Byron (1817).

Maquiavelo (PII). Niccolò Machiavelli (1469-1527) fue un político y escritor italiano, autor de *El príncipe* (publicado en 1532).

Marmontel (PII). Jean-François Marmontel (1723-1799) fue un literato francés conocido por sus tragedias.

Maturin (PI). Charles-Robert Maturin (1782-1824) fue un predicador protestante anglo-irlandés, dramaturgo y escritor, conocido por su *Melmoth el errabundo* (1820), cima de la novela gótica, que influenció poderosamente a Ducasse a la hora de componer *Los Cantos de Maldoror*. En la traducción de *Melmolth* al francés, el nombre de su autor se escribió con una hache (Mathurin), tal y como lo redacta Ducasse.

MEFISTÓFELES (PI). Personaje demoníaco de la leyenda de Fausto.

MICKIEWICZ (PI). Adam Mickiewicz (1798-1855) fue un poeta y patriota polaco, cuya obra marca el comienzo del Romanticismo en su país.

MILTON (PII). John Milton (1608-1674) fue un poeta y ensayista inglés, conocido especialmente por su poema bíblico *El paraíso perdido*.

MINVIELLE (D). Georges Minvielle (1846-1923) fue condiscípulo de Ducasse en Retórica y Filosofía del liceo de Pau. Se le considera su mejor amigo. Después de estudiar Derecho, acabo siendo juez de paz en Pau.

MOREAU (PII). Hégésippe Moreau, seudónimo de Pierre-Jacques Roulliot (1810-1838), fue un escritor, poeta y periodista francés.

MUE (D). Henri Mue (1849-1917) fue, entre 1861 y 1862, alumno externo del liceo de Tarbes, en un curso por encima del de Ducasse.

MUSSET (PI, PII). Alfred de Musset (1810-1857) fue un poeta, dramaturgo y escritor romántico francés que, a pesar de ser desairado a menudo por Ducasse en *Poesías,* es una de sus influencias más notables.

NAPOLEÓN I (PI). Napoleón I Bonaparte (1769-1821) fue un militar y emperador francés que ascendió al poder tras la Revolución Francesa, convirtiéndose en Primer Cónsul en 1799 y luego en Emperador de los Franceses en 1804. Tras una serie de victorias y conquistas que dominaron gran parte de Europa, fue derrotado en Waterloo en 1815 y desterrado a la isla de Santa Elena, donde murió.

NAVILLE (PII). Ernest Naville (1816-1909) fue un teólogo y filósofo suizo, cuya obra *Le problème du mal* (1868) influyó poderosamente a Ducasse.

NERVAL (PII). Gérard Labrunie, conocido como Gérard de Nerval (1808-1855), fue una de las figuras principales del Romanticismo literario francés.

NOIR (PI). Victor Noir, seudónimo de Yvan Salmon (1848-1870), fue un periodista francés famoso por la forma en que murió (un tiro del príncipe Pierre-Napoleón Bonaparte, primo hermano del emperador Napoleón III) y las consecuencias políticas de su fallecimiento, que produjo una fuerte indignación y reforzó la oposición al Segundo Imperio.

PAPAVOINE (PI). Louis-Auguste Papavoine (1783-1825) fue un famoso criminal ejecutado por matar a cuchillazos a dos niños sin motivo aparente.

PASCAL (PI). Blaise Pascal (1623-1662) es una de las figuras principales de la literatura y filosofía francesas, autor de *Pensamientos,* obra publicada después de su muerte. Ducasse reescribe numerosos fragmentos de Pascal en *Poesías II.*

PETRARCA (PII). Francesco Petrarca (1304-1374) fue el padre del humanismo y un pilar fundamental de la literatura italiana, especialmente gracias a su obra *Cancionero,* publicada en 1470.

PLATÓN (PII). Filósofo griego *(c.* 427 a. C.-*c.* 347 a. C.), discípulo de Sócrates y uno de los pensadores más influyentes del mundo occidental. Fue maestro de Aristóteles.

POE (PI). Edgar Allan Poe (1809-1849) fue un poeta, cuentista y crítico estadounidense, de gran influjo sobre poetas como Baudelaire y Mallarmé, que tradujeron sus obras al francés.

PRADON (PII). Jacques Pradon, a menudo llamado Nicolas Pradon (1644-1698), fue un poeta francés, cuya tragedia *Phèdre et Hippolyte* (1677) pretendía competir con la *Fedra* de Racine aparecida el mismo año.

PROUDHON (PII). Pierre-Joseph Proudhon (1809-1865) fue un filósofo, político y revolucionario anarquista francés y, junto con Bakunin, Kropotkin y Malatesta, uno de los padres del movimiento anarquista histórico y de su primera tendencia económica, el mutualismo.

QUINAULT (PII). Philippe Quinault (1635-1688) fue un poeta francés, dedicado tanto al teatro hablado como cantado, especialmente conocido como libretista y asistente de Jean-Baptiste Lully.

RACINE (PI, PII). Jean Racine (1639-1699) fue un poeta y el principal dramaturgo francés del Gran Siglo.

RADCLIFFE (PI). Ann Radcliffe (1764-1823) fue una novelista británica, pionera de la novela gótica.

RAVIGNAN (PII). Gustave Xavier Lacroix de Ravignan (1795-1858) fue un orador y autor jesuita francés. Predicó en Notre-Dame de París, como su sucesor Félix (citado en el mismo párrafo de *Poesías*).

ROCAMBOLE (PI). Ladrón de guante blanco creado por Ponson du Terrail.

RODIN (PI). Cura jesuita que es un tenebroso personaje de *El judío errante* de Eugène Sue (1845).

ROTROU (PII). Jean de Rotrou (1609-1650) fue un poeta y dramaturgo francés.

ROUSSEAU (PI). Jean-Jacques Rousseau (1671-1741), filósofo, escritor y músico suizo, es uno de los máximos representantes de la Ilustración francesa del siglo XVIII.

SAINTE-BEUVE (PI, PII). Charles Augustin Sainte-Beuve (1804-1869), crítico literario y escritor francés, fue el autor de una monumental historia de la Abadía de Port-Royal-des-Champs, titulada *Port-Royal* (1837-1859), en la que describe la evolución de la que fue cuna del jansenismo.

SALOMÓN (PII). Personaje bíblico, rey de Israel.

SAND (PI). George Sand, seudónimo de Amantine Aurore Lucile Dupin de Dudevant (1804-1876), fue una destacada escritora del Romanticismo francés y una de las más populares de la Europa decimonónica.

SARDOU (PII). Victorien Sardou (1831-1908) fue un dramaturgo francés.

SCARRON (PII). Paul Scarron (1610-1660) fue un escritor satírico francés, conocido por su obra *Le Roman comique* (1651-1657).

SCOTT (PI). Walter Scott (1771-1832), novelista y poeta escocés, fue el autor de numerosos relatos históricos de aventuras, de gran ascendencia sobre los autores románticos franceses, como Hugo y Dumas.

SENANCOUR (PI). Étienne Pivert de Senancour (1770-1846) fue un escritor prerromántico francés, autor de la novela epistolar *Oberman* (1804), que influirá en el pensamiento romántico.

SHAKESPEARE (PII). William Shakespeare (1564-1616), considerado el más importante dramaturgo de todos los tiempos, influyó en Ducasse, quien se inspiró especialmente de *Hamlet* y *Otelo*.

SIRCOS (D). Alfred Sircos, seudónimo de Paul Émion (1826-1905), fue el fundador de la revista *La Jeunesse, revue littéraire, critique et philosophique*, de la que se publicaron veintiocho números entre julio de 1868 y abril de 1869, y en la que encontramos una recensión del primer canto de *Maldoror* firmado «Epistémon» (seudónimo de Christian Calmeau, amigo de Sircos). Posteriormente fundó otra revista, *L'Union des jeunes* (doce números, de mayo de 1869 a junio de 1870) para luego ejercer como redactor en diferentes periódicos locales.

SÓCRATES (PII). Sócrates (470 a. C.-399 a. C.) fue un filósofo clásico griego considerado como uno de los más grandes, tanto de la filosofía occidental como de la universal. Fue maestro de Platón.

SÓFOCLES (PI). Poeta trágico griego (496 a. C.-406 a. C.).

SOULIÉ (PI). Melchior-Frédéric Soulié de Lavelanet (1800-1847), novelista y dramaturgo francés, autor de la exitosa *Mémoires du diable* (1837-1838), fue uno de los cuatro folletinistas franceses de la Monarquía de Julio junto con Balzac, Sue y Dumas.

SPINOZA (PII). Baruch Spinoza (1632-1677), filósofo racionalista holandés, autor de *Ética* (1661-1675), es considerado uno de los pensadores capitales de la filosofía occidental.

SUE (PI). Eugène Sue (1804-1857) fue uno de los más relevantes folletinistas franceses del siglo XIX, del que Ducasse parece inspirarse, según algunos, para adoptar el nombre de «Lautréamont» a partir del título de la novela de Sue *Latréaumont* (1838).

TAINE (PII). Hippolyte Taine (1828-1893) fue un filósofo y escritor francés, autor del ensayo *De l'intelligence* (1870).

TERÁMENES (PI). Personaje de la tragedia *Fedra* de Racine.

TROPPMANN (PI). Jean-Baptiste Troppmann (1849-1870) fue un conocido asesino en serie francés, ejecutado pocos días antes de la composición de *Poesías I*.

TURQUETY (PII). Édouard Turquety (1807-1867) fue un poeta francés, autor de poemas religiosos católicos. Ducasse cita a este literato de tercer orden después de haber mencionado a grandes figuras bíblicas.

VAUVENARGUES (PII). Luc de Clapiers, marqués de Vauvenargues (1715-1747), fue un moralista francés, buena parte de cuyas máximas transformó Ducasse en *Poesías*.

VEINTIMILLA (PI). Dolores Veintimilla (1830-1857) fue una poeta ecuatoriana de corte romántico que se suicidó por culpa de una campaña de calumnias orquestada en su contra. Se ha sugerido que Ducasse tuvo conocimiento de Veintimilla a través de un folleto a ella dedicado por el peruano Ricardo Palma, en 1861, titulado *Dos poetas, apuntes de mi cartera,* trabajo que hubiese podido leer en su última visita a Montevideo en 1867[47].

VENUS HOTENTOTA (PI). Alusión a Jeanne Duval (1820-1862), amante de Baudelaire, igualmente conocida como «Venus Negra».

VILLEMAIN (PI). Autoridad universitaria de su tiempo, Abel-François Villemain (1790-1870) fue un político y es-

----

[47] (Armiño, 2016: 428).

critor francés, autor de *Considérations sur la langue française,* que sirvió de prólogo a la sexta edición del *Dictionnaire* de la Academia Francesa (1835). Al año siguiente escribió «Notice sur Pascal, considéré comme écrivain et comme moraliste» para la edición del editor A. Ledoux de los *Pensamientos,* que seguramente Ducasse leyó.

VIRGILIO (PII). Poeta latino (70 a. C.-19 a. C.) autor, entre otras obras, de la *Eneida.*

VOLTAIRE (PI). Seudónimo de François-Marie Arouet (1694-1778); este escritor, poeta, dramaturgo y filósofo es una de las figuras capitales de la Ilustración francesa.

WERTHER (PI). Personaje protagónico de la obra *Las penas del joven Werther* de Goethe (1774).

YAGO (PI). Yago es un personaje de la tragedia *Otelo, el moro de Venecia,* de William Shakespeare. Servidor y confidente de Otelo, odia al moro y envidia el amor que Desdémona siente por él.

YOUNG (PI). Edward Young (1683-1765) fue un poeta inglés, autor de *The Complaint,* o *Night Thoughts on Life, Death and Immortality* (1742), que en 1769 se tradujo en Francia con el título de *Les Nuits.* Se trata de un extenso poema donde Young, golpeado por la muerte de su mujer y su hija, afirma su fe en la inmortalidad del alma.

ZACCONE (PII). Pierre Zaccone (1817-1895) fue un escritor folletinesco francés muy prolífico.

ZORRILLA (PI). Aunque todo parece indicar que se trata del poeta y dramaturgo vallisoletano José Zorrilla (1817-1893), bien podría Ducasse referirse a otro dramaturgo español, el toledano Francisco de Rojas Zorrilla (1607-1648), cuya comedia *No hay ser padre* siendo rey fue imitada por Rotrou en su tragicomedia *Venceslas,* citada en *Poesías II.*

ZUMARÁN (D). Pedro Zumarán (1808-1884), de origen español, se instaló en Montevideo en 1845. Vicecónsul de España en la capital uruguaya, tuvo diferentes actividades comerciales. Supuesto amigo del padre de Ducasse, seguramente fue él quien le convenció para que dejara que su hijo Isidore fuera a Francia a intentar forjarse una carrera literaria. Parece ser también que Ducasse le hizo llegar un ejemplar de *Los Cantos de Maldoror* con una dedicatoria en la que lo llamaba «mi protector».

ÍNDICE

Colección Letras Universales